COLLECTION DE M. E.

ANTIQUITÉS
GRECQUES ET ROMAINES

VASES PEINTS, TERRES CUITES, BRONZES, MARBRES, ETC.

DONT LA VENTE AUX ENCHÈRES PUBLIQUES AURA LIEU

A L'HOTEL DROUOT

9, Rue Drouot

SALLE N° I, AU PREMIER ÉTAGE

LES JEUDI 2, VENDREDI 3 ET SAMEDI 4 JUIN, A DEUX HEURES PRÉCISES

COMMISSAIRE PRISEUR

M. Maurice DELESTRE, 5, rue Saint-Georges

EXPERTS

MM. ROLLIN et FEUARDENT, 4, rue de Louvois, Paris, et 6, Bloomsbury street, Londres

EXPOSITION PARTICULIÈRE LE MERCREDI 1er JUIN

PARIS 1904

PRIX DU CATALOGUE ILLUSTRÉ : 20 FRANCS

CONDITIONS DE LA VENTE

Elle sera faite au comptant.

Les acquéreurs payeront dix pour cent en sus des prix d'adjudication.

L'exposition mettant le public à même de se rendre compte des objets, il ne sera admis aucune réclamation une fois l'adjudication prononcée.

ANTIQUITÉS

GRECQUES ET ROMAINES

MACON, PROTAT FRÈRES, IMPRIMEURS.

COLLECTION DE M. E.

ANTIQUITÉS

GRECQUES ET ROMAINES

VASES PEINTS, TERRES CUITES, BRONZES, MARBRES, ETC.

DONT LA VENTE AUX ENCHÈRES PUBLIQUES AURA LIEU

A L'HOTEL DROUOT

9, RUE DROUOT

SALLE N° 1, AU PREMIER ÉTAGE

LES JEUDI 2, VENDREDI 3 ET SAMEDI 4 JUIN, A DEUX HEURES PRÉCISES

COMMISSAIRE PRISEUR

M. MAURICE DELESTRE, 5, RUE SAINT-GEORGES

EXPERTS

MM. ROLLIN ET FEUARDENT, 4, RUE DE LOUVOIS, PARIS, ET 6, BLOOMSBURY STREET, LONDRES

EXPOSITION PARTICULIÈRE LE MERCREDI 1er JUIN

PARIS 1904

PRIX DU CATALOGUE ILLUSTRÉ : 20 FRANCS

VASES PEINTS

CHYPRE

1. Vase à panse sphérique et long col cylindrique; à la base du col, deux petites anses en forme de cornes. — Poterie commune recouverte d'un vernis noir tourné en partie au brun rouge sous l'action du feu. Sur le col et la panse, séries de cercles en relief.
Très haute antiquité.

Haut. : 0 m 26.

2. Vase à panse plate, à une anse et à double goulot. — La panse est décorée de bandes horizontales quadrillées et de traits parallèles obliques ou verticaux. Sur les côtés de la panse et du goulot, et sur l'anse, appendices saillants percés de trous.
Antérieur au XVe siècle avant notre ère.

Peinture noire tournée au brun rouge sur fond de terre pâle. Haut. : 0 m 18.

3. Vase (askos) à bec vertical et à une anse, orné d'une tête d'animal (oiseau?). Des saillies, de chaque côté de la panse, semblent figurer des ailes. Traits parallèles obliques et verticaux.
Même époque.

Même technique. Haut. : 0 m 9.

4. Vase en forme de bélier. — L'animal n'a que trois pattes; la queue est percée en manière de goulot et un second goulot vertical part du milieu du dos. Près de la queue et près du cou, appendices saillants percés d'un trou. Quelques touches de couleur noire.
Même époque.

Terre rosée recouverte d'un engobe jaune clair. Haut. : 0 m 8; longueur totale : 0 m 165.

5. Hydrie à trois petites anses et à base effilée. — Le col et la panse sont cernés de rubans et de filets; entre les anses, groupes de traits verticaux. Noir sur les anses et dans l'embouchure.

Même époque.

Terre jaune clair; peinture noire tournant au brun. Haut. : 0 m 17.

6. Grande amphore à col haut et à deux anses. — Décor géométrique. Sur le col, une zone de losanges quadrillés entre des rubans et des filets circulaires. Sur l'épaule, six grandes dents de loup à hachures parallèles et quadrillées. A la hauteur des anses, de chaque côté, deux métopes renfermant de grands losanges à damier quadrillé. Rubans circulaires à la base. Cercles concentriques et groupes de bâtonnets sur le plat de l'embouchure.

Vers le xe siècle av. J.-C.

Peinture en noir mat tournée au brun sur fond d'engobe jaune clair. Haut. : 0 m 69; diam. de l'embouchure : 0 m 33.

7. Œnochoé à bec trilobé et à anse bifide. — Sur chaque côté de la panse, entre de grands cercles concentriques de couleur rouge, zones de rondelles noires formées chacune de cinq petits cercles concentriques. Sur le devant de la panse, zones verticales de rondelles. Sur le col, filets circulaires, traits verticaux et rondelles. Rondelle sous l'anse. La partie antérieure du bec affecte la forme d'une tête de taureau dont le muffle est percé de trous; les yeux sont indiqués en noir.

Vers le ixe siècle av. J.-C. — *Voir pl. I.*

Peinture noire et rouge sur fond de terre rosée. Haut. : 0 m 38.

8. Cratère à deux anses verticales, à large embouchure et à oreillettes. — Sur la panse, rubans circulaires noirs et rouges et traits verticaux formant quatre métopes. A l'intérieur de l'embouchure, un cercle noir et un cercle rouge, et quatre segments de cercle en étoile; cercle noir sur le rebord. Sur le fond du vase, une croix et quatre segments de cercle inscrits dans un cercle. Les oreillettes en rouge.

Vers le viiie siècle av. J.-C.

Peinture noire et rouge sur fond d'engobe blanchâtre. Haut. : 0 m 22; diam. à l'embouchure : 0 m 24.

9. Amphore à anses plates et coudées avec petites rouelles. — Sur le col, de chaque côté, filets horizontaux droits et ondulés, lignes de points, etc. Sur la panse, d'un côté, une palmette droite et deux palmettes renversées; de l'autre côté, une guirlande de feuillage. Plus bas, trois cercles concentriques. Bâtonnets sur le rebord de l'embouchure. Filets droits et ondulés sur les anses. Noir sur le pied.

Style géométrique d'Italie.

Peinture noire tournée au brun sur fond clair. Haut. avec les anses : 0 m 23.

10. GRAND VASE en forme de double askos à trois goulots verticaux et à deux anses horizontales; l'ouverture de l'un des goulots est bouchée et percée de trous à la manière d'une pomme d'arrosoir. Poterie de basse époque dont la décoration (rubans, méandres, languettes, etc.) imite celle des vases de style primitif.

Peinture en noir et rose sur fond clair. Haut. : o m 38.

RHODES

(CAMIROS)

STYLE PRIMITIF

11. ÉCUELLE à deux anses horizontales et à déversoir latéral. — A l'intérieur et à l'extérieur plusieurs rubans circulaires. Traits noirs sur les anses et sur le goulot. Sur le rebord, bâtonnets brisés répartis par groupes.

Style mycénien avancé (vers le XIIe siècle avant notre ère).

Peinture noire tournée au brun rouge sur fond d'engobe jaune pâle. Restauré. Haut. : o m 15; diam. : o m 24.

12. SKYPHOS de forme primitive. — La panse est ornée de plusieurs filets circulaires et d'une bande de festons imbriqués. Rubans noirs à l'intérieur; noir sur les anses.

Même époque.

Peinture noire décolorée sur fond de terre pâle. Haut.: o m 12; diam. : o m 16.

13. VASE à étrier et à bec vertical. — La panse et le col sont ornés de plusieurs groupes de filets circulaires entre des rubans plus larges.

Même époque.

Peinture noire entièrement tournée au rouge. Haut. : o m 285.

14. VASE à étrier et à bec vertical (le goulot et l'étrier manquent). — Sur le haut du vase, ornements en forme de fleurs; sur le reste de la surface, groupes de cercles fins entre des rubans plus larges.

Même époque.

Peinture noire brillante tournée entièrement au brun rouge sur fond d'engobe jaune clair. Haut. : o m 19.

15. Coupe profonde à deux anses verticales, sur pied élancé, du type dit d'Ialysos. — Le haut de la panse est décoré d'une zone d'ornements curvilignes empruntés à la flore marine. Plus bas, une série de cinq cercles. Sur le pied et sur la base, larges rubans circulaires. Les anses et le rebord en noir.

Très beau spécimen de l'art mycénien.

Peinture noire tournée au brun rouge sur fond de terre claire et fine. Haut. : 0 m 18; diam. : 0 m 16.

16. Œnochoé à embouchure trilobée. — Sur la panse, plusieurs séries de filets circulaires. Sur l'épaule, filets ondulés, et sur le col, large bande noire.

Terre rosée. Haut. : 0 m 25.

17 à **21**. Cinq petites pyxis à deux anses, sans couvercle. — Produits locaux d'époque plus récente. Décor de rubans circulaires, de lignes, de pointillés, etc.

22. Vase à panse hémisphérique et à fond plat; le goulot, en forme d'étrier, sert en même temps d'anse. La panse est divisée en quatre compartiments qui renferment chacun un lézard.

Peinture noire tournée au brun rouge sur fond d'engobe jaune. Haut. avec l'anse : 0 m 19.

STYLE GÉOMÉTRIQUE

23. Haut cylindre creux à deux anses trifides, partagé en trois zones par des saillies circulaires. — Sur la zone médiane, de chaque côté, entre deux serpents en relief, deux méandres verticaux encadrés de traits verticaux. Sur le reste de la surface, pointillés, filets et rubans circulaires, lacets en zigzag. Tout autour de la zone supérieure se déroulait une suite d'oiseaux grossièrement modelés en ronde bosse (il n'en reste plus que quatre). Sur le plat des embouchures, bâtonnets répartis par groupes. — *Voir pl. III.*

Poterie assez grossière. Peinture noire tournée au brun sur fond clair. Haut. : 0 m 28; diam. : 0 m 115.

24. Œnochoé à panse sphérique et à bouche ronde. — La partie supérieure de la panse est couverte d'un décor géométrique très dense : damiers, méandres, zigzags, quadrillés, etc.; la partie inférieure en noir. Le goulot en noir; rubans noirs dans l'embouchure.

Peinture en noir lustré sur fond de terre rosée. Haut. : 0 m 24.

STYLE RHODIEN

25. Petite coupe à pied. — Cercles concentriques noirs sur fond clair.

Haut. : 0 m 65 ; diam. 0 m 135.

26. Coupe plate sur pied haut. — L'intérieur est décoré d'une rosace centrale entourée de plusieurs bandes noires portant des cercles rouges, et de trois bandes en clair. Au revers et sur le pied, larges rubans noirs.

Haut. : 0 m 10; diam. : 0 m 235.

27. Œnochoé à embouchure ronde et à anse plate. — Sur l'épaule surbaissée, deux poissons séparés par une bande verticale de damier; dans le champ, des croix et des svastikas. Sur le haut de la panse, des cercles noirs et une guirlande de feuilles accouplées. Sur le col, des cercles et une torsade. Le reste en noir.

Peinture noire brillante sur fond d'engobe jaunâtre. Haut. : 0 m 21.

28. Œnochoé à bec trilobé et à anse trifide accostée de deux rondelles saillantes. Sur l'épaule, deux bouquetins paissant, séparés par une biche tombée sur le genou droit de devant. Sur le haut de la panse, quatre bouquetins paissant. Le champ des deux zones est semé d'ornements géométriques divers. Sur la bas de la panse, trois grandes fleurs de lotus épanouies et trois boutons de lotus fermés. Le pied, le bord du bec, la partie postérieure du col en noir. Sur la partie antérieure du col, une grecque mêlée de croix; à la base du col, une zone de languettes réparties par groupes. Languettes obliques sur l'anse; croix cantonnées de triangles, sur les rondelles saillantes de l'attache de l'anse. — *Voir pl. II.*

Peinture noire tournée au brun rouge sur fond d'engobe blanc; retouches en rouge. Haut. avec l'anse : 0 m 35.

29. Même forme. — Sur l'épaule, un bouquetin paissant, entre deux cerfs. Sur le haut de la panse, quatre bouquetins paissant. Le champ des deux zones est semé d'ornements géométriques. La partie antérieure du col est ornée d'une torsade. Pour le reste, même ornementation que le numéro précédent.

Même technique. La peinture a disparu sur une notable partie du vase. Haut. avec l'anse : 0 m 34.

30. Même forme. — Sur l'épaule, un cygne et cinq oies marchant à droite; champ semé d'ornements géométriques. Sur le haut de la panse, un lacet en zigzag entre deux larges rubans circulaires et deux filets. Près de la base, une zone claire avec arêtes noires rayonnantes. Pour le reste, même ornementation que le n° 28. — *Voir pl. II.*

Même technique. Haut. avec l'anse : 0 m 35.

31. Petite amphore à panse très allongée. — Filets et rubans circulaires autour de la panse.

Peinture noire tournée au brun et en partie effacée; terre pâle. Haut. : 0 m 235.

32. Pyxis ronde à deux anses, sans couvercle. — Sur l'épaule, entre les anses, une grecque. Plus bas, deux filets circulaires. Sur la panse, un oiseau isolé, d'un dessin très naïf. Zone de bâtonnets autour de l'ouverture.

Peinture noire sur fond de terre rosée. Haut. : 0 m 098.

STYLE PHÉNICIEN

33. Alabastre à base effilée. — Terre recouverte d'émail blanc; ornements (filets et rubans circulaires, lignes de points, métopes, etc.) émaillés en noir et en bleu tourné au vert.

Haut : 0 m 125. Le haut du col manque.

34. Alabastre de même forme et de même technique.

Haut. : 0 m 087. Le col manque entièrement.

STYLE CORINTHIEN

35. Petit aryballe en forme de tête de cheval bridée, d'un style très fin et d'une exécution très soignée. — *Voir pl. IV.*

Peinture noire sur fond de terre pâle. Haut. : 0 m 07.

36. Pyxis ronde à deux anses, sans couvercle. — Sur la panse, dans un cartel réservé, d'un côté, un lion rugissant, à droite; de l'autre côté une lionne, à droite, tête de face.

Peinture noire, rehaussée de rouge et de blanc, sur fond orangé. Incisions sommaires. Haut. : 0 m 125.

37. Fragment d'amphore (le pied, le col et les anses manquent). — Sur le haut de la panse, un bouquetin paissant, deux lionnes tête de face et une oie. Sur l'épaule, deux chiens courants.

Même technique. Haut. : 0 m 13.

38. Alabastre à panse piriforme. — Un aigle devant un taureau paissant. Dans le champ, rosaces et gros points noirs. A la base, au-dessus du sujet, et sur le plat de l'embouchure, cercles concentriques. Languettes rayonnantes près du goulot.

Peinture noire sans rehauts sur fond de terre pâle. Incisions sommaires. Haut. : 0 m 16.

39. Même forme. — Deux cygnes affrontés de chaque côté d'une palmette renversée et surmontée d'une fleur épanouie; rosaces dans le champ. Pour le reste, même décor que le numéro précédent.

Terre pâle; peinture noire tournée au brun rouge. Détails incisés. Haut. : 0 m 15.

40. Olpé à tableau. — Sur le devant de la panse, dans un cartel réservé encadré de gros points et d'un méandre, un Silène, à moitié agenouillé à droite et retournant la tête, porte sur l'épaule gauche une Ménade qui tient une lyre dans la main gauche et s'appuie de la droite sur la tête du Silène. Dans le champ, un cep de vigne chargé de grappes. Au-dessus du tableau, deux palmettes renversées et une bande de damier.

Style traditionnel du ve siècle. — *Voir pl. IX.*

Peinture en noir lustré sur fond orangé. Les chairs de la Ménade sont peintes en blanc, la couronne de feuilles de lierre qu'elle porte dans les cheveux, en rouge. Incisions soignées. Haut. : o m 225.

41. Petite œnochoé à embouchure trilobée. — Sur le devant de la panse, dans un cartel réservé, deux Ménades (chairs peintes en blanc, bandelette rouge autour des cheveux) courant à droite, en agitant les bras; entre elles, au milieu du tableau, un arbre chargé de fruits blancs. Au-dessus du tableau, un lacet en zigzag. Le reste en noir.

Même technique; exécution peu soignée. Haut. : o m 16.

42. Lécythe. — Sur l'épaule rouge cinq palmettes noires cerclées et accostées de points. La panse en noir.

Haut. : o m 26.

43. Coupe profonde à pied bas. — Sur une bande réservée en clair sur le pourtour extérieur, d'un côté, Héraclès luttant avec le lion de Némée entre deux personnages assis; de l'autre côté, trois personnages assis et trois personnages debout. Des deux côtés, rameaux feuillus dans le champ. L'intérieur en noir, sauf le centre en clair avec un petit cercle noir.

Exécution très négligée. Peinture noire rehaussée de rouge; pas d'incisions. Haut. : o m 09; diam. : o m 155.

44. Coupe à pied bas. — Bande de palmettes noires sur la zone claire du pourtour extérieur. Pour le reste, même décor que le numéro précédent.

Haut. : o m 06; diam. : o m 16.

45. Même forme. — Même décor.

Haut. : o m 55; diam. : o m 155.

46. Alabastre à couverte blanche. — D'un côté, un Silène penché en avant tend les bras vers un petit enfant (Dionysos?) agenouillé devant lui. De l'autre côté, une Ménade court

vers la droite; elle tient d'une main un thyrse, de l'autre un serpent. Rubans circulaires au-dessus et au-dessous des figures.

ve siècle. — *Voir pl. IX.*

Terre orangée recouverte, dans la partie médiane du vase, d'un engobe blanc jaunâtre. Peinture noire; incisions rapides. Haut. : 0 m 15.

STYLE ATTIQUE. — VASES A FIGURES ROUGES

47. Hydrie. — A gauche, Zeus, assis et tourné vers la droite, tient d'une main un long sceptre, de l'autre une patère. A droite, Héra, assise et tournée vers la gauche, tient également une patère de la main droite tendue en avant; son long sceptre est appuyé contre elle. Entre eux, Iris, vêtue d'un long chiton dorien, les ailes largement déployées, la tête tournée à gauche vers Zeus, tient de la main gauche le caducée, de la main droite une œnochoé. Sous le tableau, une bande de godrons. A la base du col, une bande de palmettes doubles couchées. Godrons sur le rebord extérieur de l'embouchure.

Beau style du milieu du ve siècle.

Terre orangée; surface rougeâtre. Dessin au trait noir lustré. Haut. : 0 m 31.

48. Amphore à tableaux. — De chaque côté, une figure isolée dans un encadrement (lignes de points superposés, languettes et grecque) : *A.* Dionysos marchant à droite et retournant la tête; il tient de la main droite un canthare et de la main gauche un cep de vigne. *B.* Ménade marchant à droite et retournant la tête; de la main gauche levée, elle tient le thyrse, de la main droite, une branche feuillue.

Milieu du ve siècle.

Terre orangée; dessin au trait noir lustré. Haut. : 0 m 295.

49. Grande péliké à peinture polychrome. — *A.* Combat entre Grecs et Amazones. Au centre du tableau, un guerrier grec nu, coiffé du casque, armé de la lance et du bouclier, s'enfuit vers la gauche. Il est menacé de chaque côté par une Amazone debout. A droite, un cheval cabré aux pieds duquel est tombé un autre guerrier grec. Les Amazones sont vêtues de tuniques courtes peintes en bleu (la couleur, posée sur blanc d'applique, a disparu en partie); les chairs des Amazones et les boucliers sont peints en blanc, les armes, les baudriers et le harnachement des chevaux en relief doré. Dans le champ, rosaces et points en relief doré.

B. Une Ménade debout, drapée, le thyrse à la main droite, entre deux Silènes nus.

Motifs décoratifs au-dessus et en dessous des sujets; godrons sur le rebord de l'embouchure.

Fin du ve siècle.

Haut. : 0 m 43.

50. Même forme. — *A*. Combat entre Grecs et Amazones : à droite, une Amazone prenant la fuite; derrière elle, un guerrier grec se retourne vers la gauche, pour se défendre contre l'attaque d'une Amazone à cheval; à leurs pieds, une Amazone blessée. Une quatrième Amazone prend la fuite vers la gauche. Polychromie analogue à celle du numéro précédent.

B. Trois palestrites debout, drapés.

Bandes de godrons au-dessus et au-dessous des sujets et sur le rebord de l'embouchure.

Haut. : 0 m 40.

51. Petit lécythe aryballisque. — Sur le devant de la panse, une tête de femme, à droite : le contour du visage et le dessin de l'œil sont combinés de façon à former une seconde tête (caricature de vieille femme) tournée dans le sens opposé.

Haut. : 0 m 105.

52. Même forme. — Sur le devant de la panse, une biche couchée, à gauche.

Haut. : 0 m 095.

53. Même forme. — Sur le devant de la panse, une panthère couchée, à droite.

Haut. : 0 m 095.

54. Guttus. — Deux panthères couchées.

Diam. : 0 m 10.

VASES DE TECHNIQUES DIVERSES

55. Alabastre. — Bandes de quadrillés, languettes, grecques, filets noirs. Terre orangée.

Haut. : 0 m 155.

56. Petit lécythe aryballisque. — La panse est décorée d'un quadrillé semé de points blancs; languettes noires et blanches sur le goulot; le goulot et l'anse en noir.

Haut. : 0 m 10.

57. Même forme. — Même décor.

Haut. : 0 m 09.

58. Petite coupe. — Vernis noir.

Haut. : 0 m 035; diam. : 0 m 085.

59. Petit skyphos. — Vernis noir.

Haut. : 0 m 85 ; diam. : 0 m 11.

60. Petit vase à glaçure rouge.

Haut. : 0 m 125.

BÉOTIE

STYLE MYCÉNIEN

61. Coupe profonde à deux anses verticales plates. — Sur chaque côté de la panse, un grand poulpe dont les tentacules se développent symétriquement à droite et à gauche. Trois larges cercles sur le bas de la panse. Noir sur le rebord de l'ouverture, sur les anses et sur le pied.

Ce très beau spécimen de l'art mycénien est dans un excellent état de conservation. — *Voir pl. II.*

Peinture noire tournée au brun rouge sur fond d'engobe jaune pâle; rehauts blancs. Haut. : 0 m 31 ; diam. de l'ouverture : 0 m 25.

62. Sorte de boîte ronde à fond plat; trois petites anses sur le haut de la panse. — Deux cercles et un large ruban ondulé font tout le tour de celle-ci. Au-dessus, entre les anses, trois petits cercles entourant de gros points. Près de l'ouverture, cercle et large ruban. Noir sur les anses. Cercles concentriques sur le fond.

Terre pâle. Peinture noire tournée au brun rouge. Haut. : 0 m 11.

STYLE GÉOMÉTRIQUE

63. Petite œnochoé à bec rond, décorée de filets circulaires et de lacets en zigzag.

Peinture noire sur fond jaune clair. Haut. : 0 m 072.

64. Petite œnochoé à bec trilobé. — Décor de zigzags verticaux, cercles de gros points, etc. De chaque côté du bec est figuré un œil.

Même technique. Haut. avec l'anse : 0 m 12.

65. Même forme. — Décor analogue : zigzags verticaux en forme de chenilles, rubans circulaires et traits parallèles.

Même technique. Haut. avec l'anse : 0 m 13.

66. PETITE HYDRIE à anses verticales. — Filets circulaires, zigzags, losanges, quadrillés, etc.

Même technique. Haut. : 0 m 14. L'une des deux anses manque.

67. ŒNOCHOÉ à embouchure trilobée et anse plate. — Sur le col, une zone de rondelles entre deux bandes de filets circulaires. Sur l'épaule, quatre dents de loup à hachures parallèles. Filets et rubans circulaires sur la panse. Traits horizontaux parallèles sur l'anse.

Même technique. Haut. : 0 m 175.

68. COUPE à pied bas, une anse horizontale et trois tenons saillants. — A l'intérieur, deux larges cercles et centre noirs. Languettes sur le rebord. A l'extérieur, une zone de dents de loup quadrillées et de crochets en spirale, entre plusieurs filets circulaires et lacets en zigzag. Languettes sur le rebord extérieur, sur les anses et sur les tenons. Sous le pied légèrement creux, zone de languettes, cercles concentriques et rosace centrale.

Peinture noire et rouge sur fond jaune clair. Haut. : 0 m 075 ; diam. : 0 m 17.

69. PYXIS ronde avec couvercle à haut bouton. — Tout autour de la panse, une zone de traits et de zigzags verticaux alternant avec des rectangles treillissés. Sur tout le reste de la surface, filets, lacets en zigzag, pointillés, losanges, quadrillés, etc. Sur le fond, une croix inscrite dans des cercles concentriques.

Peinture noire tournée au brun rouge sur fond jaune clair. Le rebord de la pyxis et le couvercle sont l'un et l'autre percés de quatre trous qui correspondent entre eux. Haut. : 0 m 12 ; diam. : 0 m 20.

70. HYDRIE à anses verticales bifides et à couvercle. — Sur chaque côté de la panse, à la hauteur des anses, une large grecque entre des filets et des zigzags verticaux. Sur tout le reste du vase, zigzags, languettes, filets circulaires.

Peinture noire tournée au brun sur fond d'engobe jaune pâle en grande partie disparu. Haut. : 0 m 38.

71. HYDRIE à pied haut et à anses verticales. — Sur le col, une large zone de zigzags verticaux entre des filets circulaires. Même motif sur l'épaule. Entre les anses, de chaque côté, deux métopes séparées par des filets verticaux et renfermant chacune une roue à huit raies. Le milieu de la panse et le pied sont cernés de filets noirs et de rubans circulaires; le bas de la panse en noir. — *Voir pl. I.*

Même technique. Haut. : 0 m 66.

72. COUPE sans pied à une anse horizontale, une poignée plate (brisée) et quatre petits tenons saillants. — A l'intérieur, deux larges cercles et fond peints en noir; sur le rebord, deux cercles de points superposés. A l'extérieur, une zone de quatre oiseaux volant, la tête renversée, séparés les uns des autres par des triangles rayés opposés par le sommet. Au-dessus et au-dessous, cercles concentriques noirs et rouges. Près du bord supérieur, un lacet en zigzag; près de la base, une zone de points superposés. Sous le pied légèrement creux, cercles concentriques noirs et rouges et fleuron. — *Voir pl. IV.*

Terre rosée. Engobe blanc sur le fond et le revers ; peinture noire rehaussée de rouge. Haut. : 0^{m} 10 ; diam. : 0^{m} 215.

73. Coupe sans pied à quatre anses horizontales. — A l'intérieur, quatre cercles noirs. Languettes sur le rebord et sur les anses. A l'extérieur, une zone d'oiseaux volant, la tête renversée, séparés les uns des autres par une palmette renversée et des ornements géométriques variés. Près du bord supérieur, un lacet en zigzag entre des cercles concentriques. Cercles concentriques près de la base. Sous le pied légèrement creux, languettes rayonnantes.

Même technique. Haut. : 0^{m} 10 ; diam. : 0^{m} 206.

74. Coupe à pied haut et à deux anses horizontales accostées de petites saillies décorées d'un œil. — A l'extérieur, une zone de six oiseaux volant, la tête renversée, séparés par des bandes verticales d'ornements géométriques. Au-dessus et au-dessous et sur le pied, zones d'ornements géométriques variés : zigzags, traits parallèles, rectangles quadrillés et ponctués, lacets, pointillés, etc. A l'intérieur, larges cercles et fond noirs.

Peinture noire et rouge sur fond d'engobe jaune clair. Haut. : 0^{m} 22 ; diam. : 0^{m} 27.

75. Grande hydrie à pied haut et doubles anses verticales. — Sur le col et sur le pied, et sur la partie supérieure de la panse, larges zones de zigzags verticaux en forme d'épaisses chenilles. Sur l'épaule et le long des anses, un ornement de feuillages. Au-dessus des anses, épaisse chenille horizontale. Entre les anses, de chaque côté, une métope dont le décor a beaucoup souffert; on y distingue la silhouette de deux chevaux et d'un homme et, dans le champ, des motifs géométriques divers. — *Voir pl. I.*

Peinture noire tournée au brun sur fond d'engobe jaune pâle. Le vase a été brisé en plusieurs morceaux et quelques parties manquent. Haut. : 0^{m} 92.

76. Six petites pièces de formes et d'époques différentes. — Décor de filets circulaires et de languettes.

STYLE CORINTHIEN

77. Petit alabastre décoré de cercles, de points superposés et de languettes.

La peinture est presque entièrement effacée. Haut. : 0^{m} 9.

78. Cothon à anse plate accostée de deux pointes saillantes. — Autour de l'ouverture et sur la panse, cercles noirs et bandes de points superposés formant damier. Sur le fond intérieur et sur le fond extérieur, plusieurs cercles concentriques.

Terre jaune clair. Peinture noire. Haut. : 0^{m} 055 ; diam. de l'ouverture : 0^{m} 92.

79. Même forme. — Autour de l'ouverture, cercles concentriques noirs et rouges cernant une bande de zigzags et une bande de points superposés formant damier. Pour le reste, même décor que le précédent.

Terre jaune clair. Peinture noire et rouge. Haut. : 0 m 067 ; diam. de l'ouverture : 0 m 11.

80. Même forme. — Autour de l'ouverture, un ornement de feuillages entre quatre cercles. Pour le reste, même décor que les précédents.

Même technique. Haut. : 0 m 05 ; diam. : 0 m 08.

81. Petite œnochoé à bec trilobé. — Sur la panse, une zone de boutons de fleurs et d'entrelacs entre des cercles. Décor de feuillages sur l'épaule.

Terre pâle. Peinture noire en grande partie effacée. Haut. avec l'anse : 0 m 08.

82. Petit aryballe. — Des lignes incisées partagent la panse en bandes verticales, alternativement noires et rouges. (La couleur rouge a presque entièrement disparu.)

Haut. : 0 m 065.

83. Aryballe à base pointue. — Sur la panse, une zone de chiens courant à droite, entre une zone étroite de points superposés et un ruban circulaire. Arêtes rayonnantes à la base. Sur l'épaule, chiens courant.

Peinture noire tournée au brun rouge sur fond clair. Haut. : 0 m 06.

84. Même forme. — Sur la panse, une zone de lièvres courant à gauche, entre deux zones de filets circulaires. Rosaces de points sur l'épaule. Arêtes rayonnantes à la base.

Noir sur fond clair. Haut. : 0 m 067.

85. Alabastre à panse piriforme. — Un large motif floral couvre la panse presque toute entière. Rosaces dans le champ. Au-dessus et au-dessous, cercles concentriques; languettes au goulot.

Terre pâle. Peinture noire rehaussée de rouge. Détails incisés. Haut. : 0 m 205.

86. Même forme. — Deux lions rugissant affrontés de chaque côté d'un cygne. Rosaces dans le champ. Languettes rayonnantes sur le plat de l'embouchure, sur le goulot et sur le fond du vase.

Terre pâle. Peinture noire presque entièrement effacée. Détails incisés. Haut. : 0 m 075.

87. Même forme. — Une lionne à droite, tête de face, devant un cygne. Rosaces dans le champ. Languettes au goulot et sur le plat de l'embouchure.

Terre pâle. Peinture noire rehaussée de rouge. Détails incisés. Haut. : 0 m 09.

88. Même forme. — Deux lions rugissant, affrontés de chaque côté d'un lièvre. Rosaces dans le champ. Languettes au goulot et sur le fond du vase.

Même technique. Haut. : 0m 11.

89. Même forme. — Deux lionnes affrontées, tête de face, de chaque côté d'un cygne. Champ semé de rosaces. Languettes sur le fond, au goulot et sur le plat de l'embouchure.

Peinture noire tournée au brun rouge sur fond clair. Rehauts rouges; détails incisés. Haut. : 0m 10.

90. Même forme. — Lion rugissant, à gauche, devant un cygne. Grosses rosaces dans le champ. Pour le reste, comme le précédent.

Noir sur fond clair. Rehauts rouges; détails incisés. Haut. : 0m 09.

91. Même forme. — Deux coqs affrontés. Rosaces dans le champ. Languettes au goulot et sur le plat de l'embouchure.

Même technique. Les couleurs sont en partie effacées. Haut. : 0m 105.

92. Même forme. — Deux coqs affrontés de chaque côté d'une palmette renversée surmontée d'une fleur épanouie et d'une oie. Rosaces dans le champ. Languettes au goulot et sur le plat de l'embouchure.

Même technique. Haut. : 0m 115.

93. Même forme. — Sur le devant de la panse, un coq à droite, les ailes déployées; derrière, un cygne. Rosaces dans le champ. Languettes rayonnantes sur le plat de l'embouchure, au goulot, et sur le fond du vase.

Même technique. Les couleurs sont en partie effacées. Haut. : 0m 15.

94. Aryballe à panse sphérique. — Un coq à droite. Rosaces dans le champ. Languettes rayonnantes à la base du goulot, sur le plat de l'embouchure et sur le fond du vase.

Même technique. Haut. : 0m 065.

95. Alabastre à panse piriforme. — Un grand coq, l'aile gauche déployée. Champ semé de rosaces et de points. Au-dessus et au-dessous, cercles concentriques. Languettes au goulot.

Même technique. Haut. : 0m 24.

96. Petite boîte ronde sans couvercle. — Sur la panse, une zone réservée en clair et décorée de quatre cygnes allant à droite. Le reste du vase est couvert d'un vernis noir complètement tourné au rouge. A la base du col et sur les bords de l'ouverture, languettes rayonnantes rouges et blanches.

Terre pâle. Incisions rapides. Haut. : 0m 075.

97. Aryballe à panse sphérique. — Une tête de cheval à droite; de chaque côté et derrière, une grande rosace.

Terre jaune. Peinture noire sans rehauts; incisions. Haut. : 0 m 09.

98. Même forme. — Un bouquetin paissant à droite; semis de rosaces et de points. Cercles concentriques sur le plat de l'embouchure et sur le fond; languettes rayonnantes sur l'épaule.

Terre pâle. Peinture noire rehaussée de rouge. Détails incisés. Haut. : 0 m 07.

99. Même forme. — Un aiglon volant, à droite. Rosaces dans le champ. Pour le reste, même décor que le précédent.

Même technique. Haut. : 0 m 065.

100. Même forme. — Une sirène, à droite, les ailes relevées. Rosaces dans le champ. Cercles concentriques sur le plat de l'embouchure et sur le fond du vase.

Même technique. Haut. : 0 m 07.

101. Alabastre à panse piriforme. — Une sirène, à droite, les ailes déployées; derrière, une oie. Rosaces dans le champ. Languettes rayonnantes sur le plat de l'embouchure, au goulot et sur le fond.

Même technique. Les couleurs sont en grande partie effacées. Haut. : 0 m 082.

102. Même forme. — Trois zones : *A*. Deux sirènes affrontées de chaque côté d'une troisième, qui a la tête tournée vers la gauche et les ailes déployées. Rosaces dans le champ. *B*. Décor d'imbrications. *C*. Sirène aux ailes déployées, la tête à droite, entre un lion et une lionne affrontés; derrière, une oie. Rosaces dans le champ. Cercles concentriques à la base et à la partie supérieure de la panse; languettes au goulot et sur le plat de l'embouchure.

Même technique. Haut. : 0 m 265.

103. Pyxis sur pied élevé et à deux anses verticales, sans couvercle. — Sur la panse, une zone d'animaux : deux lionnes affrontées tête de face, une lionne tête de face devant un bouquetin paissant (répétés deux fois). Rosaces dans le champ. Au-dessus et au-dessous, cercles concentriques; godrons autour de l'embouchure. Le bas de la panse en noir, ainsi que le pied, sauf une bande claire décorée d'une suite de six béliers paissant. Noir dans l'embouchure et sur les anses.

Peinture noire tournée au brun rouge sur fond jaune clair (la peinture est effacée en divers endroits). Détails incisés. Haut. : 0 m 24.

104. Même forme. — Sur la panse, une zone peinte et incisée : devant, deux bustes d'hommes barbus, affrontés, entre deux sirènes aux ailes relevées et deux lionnes tête de face; derrière, un bélier paissant devant une lionne tête de face. Champ semé de rosaces et de points. Pour le reste, même décor que le précédent. — *Voir pl. VI.*

Peinture noire tournée au brun sur fond jaune clair ; détails incisés. Haut. : 0 m 255.

105. ALABASTRE à panse piriforme. — Deux sirènes affrontées. Champ semé de rosaces. Au-dessus et au-dessous des figures, cercles concentriques et pointillés; languettes rayonnantes sur le fond, au goulot et sur le plat de l'embouchure. — *Voir pl. III.*

Terre jaune ; peinture noire rehaussée de rouge. Incisions soignées. Haut. : 0 m 21.

106. Même forme. — Un griffon ailé, tourné à droite, les ailes déployées; derrière, deux têtes de cheval profilées l'une sur l'autre. Champ semé de rosaces. Languettes rayonnantes sur le fond, au goulot et sur le plat de l'embouchure. — *Voir pl. III.*

Terre pâle. Même technique. Haut. : 0 m 225.

107. Même forme. — Dieu barbu ailé (ailes recourbées) courant vers la droite, les mains étendues (le haut de la tunique en noir semé de gros points rouges; le bas en rouge, avec bordure noire incisée). Derrière, un aigle, à droite. Champ semé de rosaces et de gros points. Au-dessus et au-dessous, et sur le plat de l'embouchure, cercles concentriques; languettes au goulot. — *Voir pl. III.*

Même technique. Haut : 0 m 23.

108. GROS ARYBALLE à panse sphérique. — Personnage masculin barbu (le haut de la tunique en noir semé de gros points rouges, le bas en rouge avec bordure noire incisée), entre deux lions rugissant affrontés. Au-dessus et au-dessous, cercles concentriques; languettes rayonnantes à la base du goulot.

Même technique. Haut. : 0 m 13.

109. ARYBALLE à panse sphérique. — Cavalier s'avançant vers la gauche. Champ semé de gros points. Au-dessus et au-dessous, cercles concentriques; languettes rayonnantes à la base du goulot et sur le plat de l'embouchure.

Même technique. Haut. : 0 m 07.

110. ALABASTRE à panse piriforme. — Deux zones : *A.* Huit guerriers marchant vers la droite; au milieu un *xoanon* drapé. *B.* Répétition du même sujet (dix guerriers et un *xoanon*). Les guerriers sont casqués et armés d'un grand bouclier rond (en rouge, avec bord noir semé de petits points blancs) qui ne laisse dépasser que la tête et les jambes. Le champ des deux zones est semé de rosaces en points noirs. Entre les deux zones et au-dessus et au-dessous, cercles concentriques. Languettes rayonnantes sur le plat de l'embouchure, au goulot et sur le fond du vase. — *Voir pl. III.*

Peinture noire rehaussée de rouge et de blanc. Incisions rapides. Haut. : 0 m 215.

111. Coupe plate, à deux anses accostées de tenons. — L'intérieur en noir, sauf un cercle réservé en clair. A l'extérieur, zone d'animaux : un taureau devant un lion rugissant, une sirène aux ailes relevées devant un bouquetin paissant, une lionne tête de face. Champ semé de rosaces et de gros points. Près du bord, une zone de languettes. Sur et sous le pied, cercles concentriques. Noir sur les anses.

Style ionien.

Noir sur rouge orangé. Haut. : 0 m 055 ; diam. : 0 m 18.

112. Cratère à oreillettes plates sur anses verticales rondes. — Sur la panse, de chaque côté, dans un cartel réservé, trois satyres barbus se livrant à une danse burlesque. Champ semé de grosses rosaces noires. Sur le rebord plat de l'embouchure, zigzags obliques; sur le plat d'une des oreillettes (l'autre manque), un cygne à droite. Le reste du vase en noir, sauf une zone claire près de la base, avec arêtes noires rayonnantes.

Peinture noire rehaussée de rouge sur fond de terre pâle. Incisions rapides. Haut. : 0 m 27 ; diam. à l'embouchure : 0 m 22. Le vase a été brisé et plusieurs morceaux manquent.

113. Plat votif (rebord large et plat). — Sur le fond, deux protomes de cheval affrontés; au centre, une rosace. Cercles concentriques sur le rebord. Au revers, larges cercles concentriques rouges.

Très beau style; exécution très soignée. — *Voir pl. IV.*

Peinture noire rehaussée de rouge sur fond de terre pâle. Détails incisés. Plusieurs trous de suspension. Diam. : 0 m 28. Excellent état de conservation.

114. Plat votif (rebord relevé). — Combat de deux guerriers sur le corps d'un troisième guerrier tombé à terre. Sur le rebord, fleurs et boutons de lotus alternés et reliés par des entrelacs. Sur le revers, larges cercles concentriques noirs.

Peinture noire tournée en partie au brun sur fond de terre pâle. Deux trous de suspension. Diam. : 0 m 23.

115. Même forme. — *Héraklès et Nessos.* Héraklès, vêtu de la peau de lion, a saisi le Centaure par la tête et s'apprête à le frapper de son glaive. Le Centaure, tombé sur les genoux, cherche en vain à se dégager. Dans le champ, des inscriptions (caractères attiques) à demi effacées donnent le nom des deux personnages. Sur le rebord, fleurs et boutons de lotus, comme sur le précédent. Au revers, larges cercles concentriques. — *Voir pl. IV.*

Même technique. Incisions soignées. Deux trous de suspension. Diam. : 0 m 22.

VASES A FIGURES NOIRES DE STYLE ATTIQUE ET ATTICO-BÉOTIEN

116. Canthare à anses surélevées et à pied bas. — La partie supérieure de la panse est décorée d'une frise de cavaliers divisée en deux parties par les anses : *A.* Quatre éphèbes nus, à cheval, s'avançant vers la droite. *B.* Quatre cavaliers semblables s'avançant vers la gauche, suivis d'un personnage drapé (long himation à bord rouge). Les chevaux et les cavaliers sont dessinés avec la plus grande finesse et présentent une variété remarquable d'attitudes et de mouvements. Le rouge pourpre est employé pour indiquer la crinière, la queue et les brides des chevaux, les cheveux et la barbe de quelques-uns des personnages. Sur le bas de la panse, plusieurs cercles en rouge pourpre. Près de la base, une bande en clair avec arêtes noires rayonnantes. Rubans rouges sur la tranche des anses.

Seconde moitié du VIe siècle. Très beau style. — *Voir pl. V.*

Terre pâle de Béotie. Incisions soignées. Haut. sans les anses : 0 m 18 ; diam. à l'embouchure : 0 m 19.

117. CANTHARE à anses surélevées. — Sur chaque face du pourtour extérieur, un tableau réservé en clair décoré de personnages : *A*. Hoplitodrome nu, barbu, s'armant pour la course : il attache une cnémide à sa jambe droite ; à ses pieds est posé un casque. Devant lui, une femme tient un grand bouclier rond et une lance ; derrière lui, un éphèbe tient l'autre lance. *B*. Un personnage féminin drapé tenant une couronne dans la main, entre deux hommes drapés tenant chacun une lance. Le reste du vase en noir.

Même époque.

Peinture noire rehaussée de rouge (le rouge a presque entièrement disparu). Incisions rapides. Le vase a souffert du feu. Haut. sans les anses : 0 m 18 ; diam. à l'embouchure : 0 m 19.

118. Même forme. — De chaque côté, un tableau réservé en clair décoré de la même scène deux fois répétée : le départ d'un guerrier. Il est debout, à droite, casqué, porte des cnémides (en rouge pourpre) et est armé d'un bouclier rond (fond rouge pourpre, épisème en blanc d'applique, cercle de points blancs sur le bord noir) et de deux lances. En face de lui, un vieillard qui lui adresse la parole (cheveux et barbe peints en blanc, himation rouge à bordure noire semée de points blancs) et un éphèbe levant la main droite. Derrière le guerrier, un homme barbu (himation rouge à bordure noire) appuyé sur un long bâton.

Même époque. — *Voir pl. VI.*

Terre orangée. Peinture noire rehaussée de rouge et de blanc. Incisions rapides. Haut. sans les anses : 0 m 18 ; diam. à l'embouchure : 0 m 21.

119. COUPE (vasque profonde, avec ressaut près du bord). — A l'intérieur, un guerrier en embuscade (grand bouclier rond, casque à grand cimier, épée au côté gauche suspendue à un baudrier). Autour du sujet, une zone circulaire de godrons rouges et noirs entre plusieurs cercles concentriques. A l'extérieur, une zone circulaire divisée en deux sujets par les attaches des anses : *A*. Trois éphèbes à cheval galopant vers la gauche ; le premier et le troisième sont suivis d'un éphèbe nu, casqué et armé d'un grand bouclier rond à épisème. *B*. Sujet analogue : deux cavaliers et trois coureurs armés.

Noir sur fond orangé ; rehauts blancs (épisèmes des boucliers) et rouges (casques). Incisions rapides. Nombreux recollages. Haut. : 0 m 13 ; diam. : 0 m 265.

120. Coupe à pied haut. — A l'extérieur, une zone circulaire de petites figures sur une bande étroite réservée en clair à la hauteur des anses : d'un côté une scène de pugilat, — de l'autre côté une lutte de deux éphèbes, — entre deux séries de spectateurs (éphèbes et paidotribes). Près des attaches des anses, une palmette droite portée sur un pédoncule. En dessous de cette zone, un cercle réservé en clair. Tout l'intérieur en noir, sauf un centre en clair avec un petit cercle noir.

Peinture noire rehaussée de rouge et de blanc ; incisions rapides. Haut. : 0 m 13 ; diam. : 0 m 215.

121. Même forme. — Décor analogue. Sur la zone extérieure, de chaque côté, un Pégase monté entre deux personnages debout et deux cygnes aux ailes déployées. Pour le reste, même décor que le précédent.

Même technique. Haut. : 0 m 13 ; diam. : 0 m 20.

122. Même forme. — Décor analogue. Sur la zone extérieure, de chaque côté, une sirène aux ailes déployées entre deux antilopes paissant. Pour le reste, même décor que les précédents.

Même technique. Haut. : 0 m 14 ; diam. : 0 m 205.

123. Skyphos. — De chaque côté, un personnage entre deux grandes palmettes couchées : *A*. Silène ithyphallique marchant, à droite, en retournant la tête et en agitant les bras. *B*. Ménade marchant, à droite, en retournant la tête et en jouant des crotales.

Terre orangée. Peinture noire ; les chairs de la Ménade sont peintes en blanc et une partie de son vêtement en rouge. Incisions rapides. Haut. : 0 m 13 ; diam. : 0 m 18.

124. Skyphos. — *A. Thésée et Procruste.* Le héros nu marche rapidement vers la droite. Il tient dans la main droite, ramenée en arrière, une double hache et de la main gauche saisit son adversaire par les cheveux. Derrière Thésée, un arbrisseau qui porte son vêtement et dont les rameaux feuillus s'étendent dans le champ du tableau. Procruste est tombé sur les genoux et s'appuie de la main gauche sur le sol : il retourne la tête et étend vers Thésée la main droite ouverte. Devant lui, une nymphe s'enfuit en levant les bras.

B. Thésée et Skiron. Le héros nu s'avance vers la droite ; il a saisi Skiron par les jambes et s'apprête à le lancer dans la mer. Skiron, nu et barbu, est couché sur le dos et agite les bras en l'air. Derrière lui, une nymphe s'enfuit avec des gestes de terreur. Rameaux feuillus dans le champ.

Sous chacune des anses, une grue peinte en blanc d'applique. Dans le haut, guirlande de feuilles de lierre entre plusieurs filets circulaires.

Fin du VIe siècle. — *Voir pl. IX.*

Terre orangée. Peinture noire rehaussée de rouge et de blanc. Le vase a été brisé et plusieurs morceaux manquent. Haut. : 0 m 175 ; diam. : 0 m 22.

125. Péliké à tableaux. — De chaque côté, Dionysos assis, à droite, sur un siège à dossier et retournant la tête. Il tient dans la main droite un cep de vigne qui remplit le tableau autour de lui. — *Voir pl. VIII.*

Incisions rapides. Haut. : 0 m 27 ; diam. à l'embouchure : 0 m 13.

126. Œnochoé à embouchure trilobée. — Tableau réservé : Silène monté sur un mulet ithyphallique s'avançant vers la droite. Dans le champ, des ceps de vigne. — *Voir pl. IX.*

Incisions rapides. Style négligé. Haut. : 0 m 22.

127. Skyphos. — Sur le pourtour extérieur, une zone réservée en clair et décorée de figures : *A*. Dionysos, debout, tenant en main un cep de vigne entre des Silènes et des Ménades dansant. *B*. Deux coqs de combat affrontés, entre deux jeunes garçons drapés, un genou en terre, épiant le combat. Palmettes sous les anses.

Peinture noire rehaussée de rouge (rehauts effacés). Incisions grossières. Haut. : 0 m 12 ; diam. : 0 m 175.

128. Coupe plate à deux anses accostées de tenons. — A l'intérieur, dans un médaillon central, un éphèbe penché en avant et cherchant à attraper une cigale. A l'extérieur, décor de palmettes et de fleurs de lotus entrelacées.

Noir mat ; incisions rapides. Diam. : 0 m 21 ; haut. : 0 m 063.

129. Lécythe. — Au milieu Dionysos et Ariane assis, à droite, sur un même siège (couronnes de pampres rouges) : de la main gauche le dieu tient un canthare ; de la droite, un cep de vigne qui se ramifie sur tout le tableau. De part et d'autre, une Ménade (chairs peintes en blanc d'applique, couronne de pampres rouges) et un Silène dansant. En haut de la panse, deux lignes de points noirs entre quatre cercles. Sur l'épaule, sept palmettes noires cerclées et accostées de points. — *Voir pl. VIII.*

Terre orangée. Noir lustré. Rehauts blancs et rouges ; incisions rapides. Nombreux recollages. Haut. : 0 m 26.

130. Lécythe. — Combat de deux guerriers armés d'une lance et d'un grand bouclier. Dans le champ, cep de vigne et grappes de raisin. Au-dessus du sujet, une bande de points noirs et blancs superposés ; en dessous, rubans circulaires. Sur l'épaule, boutons de lotus et entrelacs.

Même technique. Les chairs sont peintes en blanc d'applique. Haut. : 0 m 165.

131. Lécythe. — Héraklès et Apollon se disputant le trépied en présence d'Athéna et d'Artémis (?). Rameaux feuillus dans le champ. Palmettes sur l'épaule.

Haut. : 0 m 25 ; l'anse manque.

132. Lécythe. — Un cavalier, vêtu d'un manteau et armé de la lance, s'avance vers la droite; de part et d'autre, un personnage barbu et drapé, assis et tenant une lance. Sur l'épaule, boutons de lotus et entrelacs.

Rehauts rouges. Incisions rapides. Haut. : 0 m 20.

133. Lécythe. — Énée portant sur le dos son père Anchise et s'avançant vers la droite; de part et d'autre, une femme. Sur l'épaule, boutons de lotus et entrelacs.

Haut. : 0 m 245.

134. Lécythe. — Un guerrier casqué et portant des cnémides, armé d'une lance et d'un grand bouclier rond, debout à gauche; de part et d'autre, deux personnages drapés, debout, tenant une lance.

Rehauts rouges. Incisions rapides. Haut. : 0 m 175.

135. Lécythe. — Déméter montant en char; à côté des chevaux, Apollon et Artémis placés en face l'un de l'autre. Devant les chevaux, un personnage drapé dont la silhouette seule subsiste. Rameaux feuillus dans le champ.

Peinture noire rehaussée de rouge et de blanc. Incisions rapides. Haut. : 0 m 25.

136. Lécythe. — Sur la panse, trois éphèbes nus, courant vers la droite. Sur l'épaule, une antilope paissant entre deux personnages debout, drapés.

Rehauts rouges. Haut. : 0 m 155.

137. Petit lécythe. — Un Centaure courant, à droite, poursuivi par un éphèbe armé d'un bouclier et d'un bâton; devant le Centaure, un autre éphèbe prenant la fuite.

Rehauts rouges. Haut. : 0 m 155.

138. Petit lécythe. — Deux personnages assis de chaque côté d'un cep de vigne chargé de grappes de raisin.

Haut. : 0 m 15.

139. Petit lécythe. — Un quadrige entouré de plusieurs personnages.

Haut. : 0 m 155.

140. Petit lécythe. — Dionysos assis entre deux Silènes debout.

Haut. : 0 m 12.

141. Petit lécythe. — Combat de plusieurs guerriers.

Haut. : 0 m 105.

142. Skyphos à anses verticales plates. — Les sujets, traités en caricatures, représentent Héraklès et les oiseaux de Stymphale : *A*. Le héros nu s'avance à droite, chassant devant lui un oiseau aux pattes duquel il a attaché un lien dont il tient l'extrémité dans la main droite; de la main gauche, il agite derrière lui une baguette. *B*. Un grand oiseau, à droite; à gauche, Héraklès courant en brandissant une branche d'arbre.

Style du Cabirion (seconde moitié du ve siècle). — *Voir pl. IX.*

Peinture en noir mat sur fond de terre pâle; incisions rapides. Le vase a été brisé et une partie manque. Haut. : 0 m 135; diam. : 0 m 145.

143. Même forme. — De chaque côté de la panse, à la hauteur des anses, une guirlande de feuillages. Au-dessous, deux filets noirs.

Même style.

Même technique. Haut. : 0 m 11; diam. : 0 m 11.

144. Lécythe à couverte blanche. — Sur le devant de la panse, Dionysos sur un taureau allant à droite; de part et d'autre, une Ménade assise sur un siège à dossier. Rameaux feuillus dans le champ. En haut de la panse, lignes de points noirs entre deux cercles noirs. Sur l'épaule rouge, boutons de lotus réunis par des entrelacs et accostés de points. — *Voir pl. IX.*

Noir brillant. Incisions rapides. Haut. : 0 m 19.

145. Lécythe. — Sur la panse couverte d'un engobe blanc jaunâtre, Athéna, Dionysos et un troisième personnage. Rameaux feuillus dans le champ. Sur l'épaule rouge, deux rangées de languettes.

Peinture noire fort endommagée. Haut. : 0 m 22.

146. Petit lécythe. — Sur la panse couverte d'un engobe blanc jaunâtre, une branche de lierre entre deux bandes de damier. Languettes noires sur l'épaule rouge.

Haut. : 0 m 15.

147. Alabastre. — Un nègre courant, à droite, en retournant la tête. De la main gauche il tient une corne à boire; de la droite, un grand bouclier carré décoré de méandres. Devant lui, un casque à grand cimier posé sur un carré. — *Voir pl. IX.*

Peinture noire tournée au brun rouge sur fond d'engobe blanc jaunâtre. Haut. : 0 m 135.

148. Même forme. — Un Sphinx, à droite, sur une colonne ionique entre deux personnages drapés, appuyés chacun sur un long bâton. De chaque côté du Sphinx, l'inscription καλοις en caractères grossiers. Derrière, entre les deux personnages, une colonne.

Incisions rapides. Le vase a souffert du feu. Haut. : 0 m 19.

VASES A FIGURES ROUGES DE STYLE ATTIQUE

149. Coupe dans le style de Pamphaios. — A l'intérieur, dans un cercle rouge réservé, un éphèbe nu (chevelure à contour incisé ceinte d'une couronne de feuillages), courant à droite; il tient dans chaque main une corne à boire. Le reste en noir.

Fin du VIe siècle. — *Voir pl. VI.*

Dessin au trait en beau noir lustré. Exécution très soignée. Haut. : 0^m^ 0075 ; diam. : 0^m^ 20.

150. Coupe dans le style de Chachrylion. — A l'intérieur, dans un cercle rouge réservé, un éphèbe nu (chevelure à contour réservé ceinte d'une couronne de feuillages rouges), jouant de la double flûte. Il est à moitié couché, le dos appuyé sur un coussin replié. Dans le champ, une inscription circulaire : HO ΠΑ[ΙΣ Κ]ΑΛΟΣ. Le reste en noir.

Très beau style. Même époque. — *Voir pl. VI.*

Dessin au trait en beau noir lustré. Exécution très soignée. Nombreux recollages. Haut. : 0^m^ 085 ; diam. : 0^m^ 19.

151. Lécythe. — Nikè au vol faisant une libation. Elle tient de la main droite une œnochoé, de la main gauche une phiale, dont elle verse le contenu sur un autel bas. Palmettes noires sur l'épaule.

Première moitié du Ve siècle.

Dessin au trait noir lustré. Quelques retouches rouges. Haut. : 0^m^ 22.

152. Lécythe. — Jeune femme (chiton long, coiffure en cécryphale) courant vers la droite en retournant la tête. Palmettes noires sur l'épaule.

Les détails du costume sont indiqués en bistre léger. Haut. : 0^m^ 19.

153. Lécythe. — Nikè à gauche tenant une lyre dans la main droite avancée. Elle est vêtue d'un chiton à plis fins et d'un long himation, et coiffée en cécryphale. Au-dessus et en dessous, une grecque. Palmettes et fleurs de lotus rouges sur l'épaule.

Tanagra. — *Voir pl. VIII.*

Haut. : 0^m^ 30.

154. Lécythe. — Éphèbe courant vers la droite en retournant la tête. Il est vêtu d'une chlamyde attachée sur l'épaule gauche; dans la main droite, il tient un bâton. Palmettes noires sur l'épaule.

Tanagra.

Haut. : 0^m^ 335.

155. Lécythe. — Nikè (chiton long, coiffure en cécryphale) debout, à droite, devant un fût de colonne et tenant en main un grand coffret.

Tanagra.

Haut. : 0 m 21.

156. Petit lécythe. — Jeune fille (chiton long, himation couvrant les bras, coiffure en cécryphale) tenant un miroir en main et s'avançant vers la droite; devant elle, à terre, un coffret.

Haut. : 0 m 18.

157. Skyphos à deux anses, l'une ronde et horizontale, l'autre plate et verticale. — *A*. Deux éphèbes nus en conversation : l'un tient une lance de la main gauche, l'autre est appuyé sur un long bâton noueux. *B*. Un éphèbe appuyé sur un bâton noueux en conversation avec un autre éphèbe nu qui tient un strygile dans la main droite. Près du bord, une grecque mêlée de croix. Palmettes doubles sous les anses; palmette sur le plat de l'anse verticale.

Beau style du second tiers du ve siècle. Tanagra. — *Voir pl. IX*.

Haut. : 0 m 12; diam. : 0 m 15. Nombreux recollages.

158. Skyphos. — *A*. Jeune fille, à gauche, faisant une libation avec une phiale; à côté d'elle, un siège. *B*. Éphèbe s'avançant vers la droite et tenant une œnochoé dans la main droite. Derrière lui, un fût de colonne.

Tanagra.

Haut. : 0 m 13; diam. : 0 m 145.

159. Lécythe aryballisque. — Jeune fille drapée et coiffée du *sakkos* s'avançant vers la gauche. Dans le champ, une bandelette.

Tanagra.

Haut. : 0 m 137.

160. Petit lécythe aryballisque. — Sur le devant de la panse, une tête d'Hermès tournée à droite; devant la tête, un petit caducée.

Tanagra.

Haut. : 0 m 07.

161. Lécythe aryballisque. — Sur le devant de la panse, un buste d'Hermès, à gauche.

Haut. : 0 m 13.

162. Même forme. — Sur le devant de la panse, un sphinx femelle, à droite, devant un petit autel (?).

Tanagra.

Haut. : 0 m 135.

163. Petite œnochoé à tableau. — Enfant nu marchant à quatre pattes, suivi d'un petit chien; devant lui, une œnochoé sur un siège bas.

Tanagra.

Haut. : 0 m 95.

164. Trois petits lécythes aryballisques.

165. Grand cratère campaniforme. — *A*. Dionysos, Éros, Ménades et Silènes groupés sur différents plans indiqués par des lignes blanches. Dionysos, tourné à gauche, occupe le centre de la composition. Il est imberbe, nu et assis sur sa chlamyde; dans les cheveux il porte une couronne de laurier avec les baies peintes en blanc. Il s'appuie sur le coude gauche et tient dans la main droite une branche de laurier à baies blanches; à ses pieds, est posée une lyre formée d'une carapace de tortue. Éros s'avance vers lui, portant des deux mains un plateau chargé de gâteaux. Derrière Dionysos, au premier plan, un Silène (cheveux et barbe peints en blanc) à moitié étendu sur un tertre devant lequel on voit le bas d'une colonne peinte en blanc : il est appuyé sur le coude gauche et regarde derrière lui; dans chaque main il tient une flûte. A droite, dans la partie supérieure du tableau, une Ménade assise à droite (longue tunique à riches bordures, collier et bracelets peints en blanc, couronne de feuillages à baies blanches); elle retourne la tête et retient de la main droite, levée au-dessus de l'épaule, l'extrémité de sa tunique; dans la main gauche, elle tient un grand tympanon orné de feuilles de lierre. Devant elle, au-dessus de l'anse, un jeune Silène nu, la nébride attachée sur l'épaule gauche, tient dans la main gauche un grand tympanon, dans la droite, un thyrse. A gauche, devant Dionysos, une seconde Ménade (même parure que celle de droite) : elle a le pied gauche posé sur une élévation du sol; le haut du corps penché en avant, elle s'appuie sur un long thyrse qu'elle tient de la main gauche. Derrière elle, au-dessus de l'anse, un Silène (bandeau blanc autour des cheveux), dont les jambes sont invisibles, paraît s'avancer en hâte vers la droite; sur la main droite, il porte un plateau chargé de gâteaux.

B. Un éphèbe nu (stéphané blanche radiée) s'avance vers la gauche en retournant la tête; il tient d'une main un strygile, de l'autre, un gros aryballe sphérique. De part et d'autre, un palestrite drapé : l'un tient une couronne, l'autre un gros aryballe sphérique.

Très beau vase de la seconde moitié du ve siècle. — Tanagra. — *Voir pl. XII.*

Haut. : 0 m 365.

166. Grand cratère. — A. *Dionysos et Ariane.* Dionysos imberbe, nu et couronné de feuilles de lierre, est assis à droite, sur son himation; il tient le thyrse de la main gauche. Éros conduit vers lui Ariane, qui se rejette en arrière comme dans un mouvement de crainte; elle est vêtue d'un long chiton blanc et drapée dans un himation qui lui couvre le bras gauche et dont elle retient l'une des extrémités de la main droite, levée au-dessus de l'épaule. Derrière elle, un Silène s'avance vers la droite en retournant la tête; il porte la nébride sur le bras gauche et tient le thyrse de la main droite. Dans la partie supérieure du tableau, des chapiteaux de colonne indiquent que la scène se passe dans un temple, — probablement à Naxos.

B. Trois palestrites drapés.

Bordures de laurier. — Même époque.

Les chairs d'Éros et d'Ariane et le chiton de celle-ci sont peints en blanc. Haut. : 0 m 38.

167. Cratère. — *A.* Scène de sacrifice. Au centre de la composition, une prêtresse (chiton richement brodé, stéphané radiée peinte en blanc) se tient debout devant un autel bas sur lequel est allumé un petit bûcher; elle tient un canthare de la main droite. De la main gauche elle fait un geste qui s'adresse à un éphèbe nu (stéphané radiée), debout, derrière l'autel, et tenant des deux mains une longue broche. Un autre éphèbe (chlamyde drapée autour des reins laissant la poitrine nue) tient d'une main une œnochoé, de l'autre un kalathos. Derrière la prêtresse, un troisième éphèbe nu, tenant également une broche. Dans la partie supérieure du champ, deux bucranes.

B. Un éphèbe (chlamyde drapée sur l'épaule gauche) debout, à droite, étend les deux mains dans un geste de prière vers un Hermès ithyphallique placé derrière un petit autel bas. Derrière lui, un autre éphèbe nu porte un kalathos sur la main gauche. Deux bucrânes dans la partie supérieure du champ.

Dans le haut, bordure de laurier; dans le bas, grecque mêlée de croix. Sous les anses, groupe de palmettes.

Quelques rehauts blancs. Haut. : 0 m 22.

168. Pyxis ronde à couvercle et à pied bas. — Le couvercle était muni d'un anneau de métal. Le corps de la boîte est décoré de palmettes, le rebord de la boîte et du couvercle d'un rang d'oves.

Sur le couvercle, scènes de toilette : Un Éros à droite, le pied gauche posé sur une sorte de degré, présente une grande bandelette à une femme qui s'avance vers la droite; elle retourne la tête, et tend la main droite pour saisir la bandelette, tandis que de la main gauche elle tient un coffret et une autre longue ténie. A droite, un second groupe : une femme assise à gauche, retourne la tête pour se regarder dans un miroir que lui présente un Éros. Entre les deux personnages, une oie; aux pieds de la jeune femme, son oiseau favori, une perdrix. Derrière Éros, une troisième femme s'avance vers la gauche en retournant la tête; elle tient une bandelette à la main droite. Par terre, derrière elle, un alabastre.

Les trois femmes sont vêtues d'une tunique fine et portent des boucles d'oreilles, un collier et des bracelets en relief doré. Les chairs des deux Éros sont peintes en blanc; sur les ailes, traces d'or et de couleur bleue. Haut. : 0 m 09; diam. du couvercle : 0 m 17.

169. CRATÈRE. — *A.* Scène de symposion. Sur deux lits juxtaposés sont étendus deux hommes barbus et deux éphèbes imberbes jouant au kottabos. Ils ont les jambes couvertes par la chlamyde, la poitrine nue, la chevelure ceinte d'un bandeau blanc et d'une couronne de feuillages. Ils s'appuient du coude gauche sur des coussins rayés. Les convives de gauche ont la tête retournée vers la droite et le bras droit levé; le premier tient une patère dans la main, le second fait tourner une coupe autour de son index. Des deux convives de droite, le premier a la tête renversée en arrière et appuyée sur la main, le second a le bras droit levé et tient une patère. Les quatre convives fixent du regard un bassin placé dans le champ au centre du tableau, et dans lequel le second convive de gauche vient de lancer, ou se prépare à lancer, le vin resté dans sa coupe. (Cette représentation du jeu de kottabos, dans sa forme primitive, est presque unique.) Au centre du tableau, devant les lits, se tient une joueuse de double flûte, debout, à droite (chairs peintes en blanc, long chiton blanc rayé de bistre, himation drapé sur l'épaule gauche, couronne de feuillages peinte en blanc, bracelets, pendants d'oreilles). Devant elle, un jeune garçon nu et couronné de feuillages s'avance vers la gauche en retournant la tête; il tient d'une main une œnochoé, de l'autre, une patère. Devant les lits, des tables basses chargées de mets (peints en blanc).

B. Trois palestrites drapés; dans le champ, un aryballe et un strygile.

Dans le haut, bordure de laurier; dans le bas, grecque mêlée de croix. Groupes de palmettes sous les anses.

Commencement du IVe siècle. — *Voir pl. XII.*

Rehauts blancs. Haut. : 0 m 31.

170. CRATÈRE. — *A.* Scène de sympôsion. Sur deux lits juxtaposés sont étendus quatre éphèbes, les jambes couvertes par la chlamyde, la poitrine nue, la tête couronnée de feuilles de lierre et d'une stéphané radiée; ils s'appuient du coude gauche sur des coussins à larges raies. Les deux convives de gauche retournent la tête; comme ceux de droite, ils fixent du regard un même point qui est sans aucun doute le but du jeu de kottabos : le geste que les quatre éphèbes font de la main droite levée indique en effet qu'ils se livrent à ce jeu. L'un des convives de droite porte une ténie blanche nouée au poignet. Devant les lits, des tables basses chargées de mets.

B. Trois palestrites drapés.

Dans le haut, bordure de laurier; dans le bas, grecque mêlée de croix.

Le blanc d'applique est employé pour les couronnes et pour les mets. Haut. : 0 m 31.

171. CRATÈRE. — *A.* Éros au vol, à droite. Il porte un plateau sur la main gauche et étend la main droite vers une Ménade, qui porte un tympanon et s'avance rapidement vers la droite en retournant la tête. Derrière Éros, un Silène assis à gauche sur sa chlamyde et retournant la tête : il tient un thyrse dans la main droite. Feuilles de lierre dans le champ.

B. Deux palestrites drapés.

Les chairs de l'Éros sont peintes en blanc. Haut. : 0 m 30.

172. Cratère. — *A.* Un éphèbe, monté sur un griffon ailé s'avançant vers la droite; devant lui, une Ménade, tenant d'une main une torche, de l'autre un tympanon, marche dans la même direction en retournant la tête. Feuilles de vigne dans le champ. *B.* Trois palestrites drapés.

La Ménade et le tympanon qu'elle porte sont peints en blanc, ainsi que les ailes du griffon. Haut. : 0 m 29.

173. Cratère. — *A.* Une Ménade assise à gauche, entre deux Silènes dansants : elle tient d'une main un kalathos chargé de fruits; à côté d'elle est un grand tympanon. *B.* Deux palestrites drapés et séparés par une colonne.

Les chairs de la Ménade sont peintes en blanc. Haut. : 0 m 24.

174. Cratère. — *A.* Une tête de cheval, à droite, entre une tête d'homme coiffée du bonnet phrygien et une tête de griffon ailé, celles-ci peintes en blanc. *B.* Deux palestrites drapés, séparés par une colonne dorique.

Bordure de laurier dans le haut; dans le bas, grecque mêlée de croix.

Haut. : 0 m 28.

175. Péliké. — *A.* Pygmée en Hèraklès, portant la peau de lion et armé de la massue, combattant contre deux grues. *B.* Deux palestrites drapés.

Rang d'oves au-dessus et en dessous des sujets et sur le rebord de l'embouchure. Groupe de palmettes sous les anses.

Haut. : 0 m 25.

176. Petit cratère à couvercle. — Sur la panse, d'un côté, une jeune femme penchée, à droite, au-dessus d'une vasque, — de l'autre côté, un hippocampe. Dans le haut, bordure de laurier. Sur le couvercle, une tête de femme à droite (coiffure en cécryphale, pendants d'oreilles). — *Voir pl. IX.*

Haut. : 0 m 23.

VASES DE TECHNIQUES DIVERSES

177. Pyxis sur pied haut et à couvercle. — Sur la panse, entre une zone de godrons et une zone de languettes, une guirlande de feuillages et un lacet curviligne. Le pied en noir avec, dans le bas, un cercle de points noirs sur fond clair. Sur le couvercle, palmettes et fleurs épanouies.

Libadia.

Noir sur fond orangé. Excellent état de conservation. Haut. : 0 m 30.

178. Petite amphore à couvercle. — Décor de palmettes, de guirlandes de feuillages et de languettes. Sur les anses, de petits masques de Silènes en relief.

Peinture noire tournée au brun rouge sur fond de terre rosée. Haut. : 0 m 30.

179. Gobelet à deux anses. Sur chaque face, quatre petites bandes de décor.

Peinture noire rehaussée de blanc sur fond rouge. Haut. : 0 m 10 ; diam. : 0 m 10.

180. Petite œnochoé à bec trilobé. — Palmettes blanches sur fond noir.

Haut. : 0 m 09.

181. Petite pyxis. — Palmettes noires sur le couvercle.

Haut. : 0 m 07.

182. Même forme. — Sur le couvercle, trois têtes de femme à gauche.

Rouge sur fond noir. Haut. : 0 m 085.

183. Karchésion à anses torses. — L'intérieur et les anses en noir.

Haut. : 0 m 10.

184. Petite hydrie cannelée à couverte noire. — *Voir pl. IX*.

Haut. : 0 m 19.

185. Petit gobelet à une anse. — La panse est cannelée. Couverte noire.

Haut. : 0 m 08.

186. Petit vase en forme de pied. — Le goulot en noir ; le reste en blanc avec des traces de couleur rouge.

Haut. : 0 m 085.

187. Askos en forme de nègre accroupi, coiffé d'une peau de bête et pressant de sa main gauche le col d'une outre dont il verse le contenu dans une petite œnochoé qu'il tient de la main droite.

Vernis noir. Haut. : 0 m 09.

188. Petite coupe hémisphérique ornée de reliefs estampés.

Couverte rouge. Haut. : 0 m 05 ; diam. : 0 m 085.

CORINTHE

STYLE CORINTHIEN

189. Aryballe à base pointue. — Rubans et filets circulaires.

Noir sur terre pâle. Haut. : 0 m 073.

190. Petite œnochoé à bec trilobé. — Cercles noirs et rouges, bandes circulaires de bâtonnets, languettes rayonnantes.

Terre pâle. Haut. avec l'anse : 0 m 072.

191. Petite pyxis ronde. — Sur le couvercle, guirlandes circulaires de feuilles de lierre avec leurs baies.

La boîte contient encore du fard antique.

Noir et rouge sur fond jaune clair. Haut. : 0 m 05 ; diam. : 0 m 08.

192. Aryballe à panse sphérique. — Sur la panse, quatre oies. Champ semé de rosaces et de points. Languettes rayonnantes sur le plat de l'embouchure, à la base du goulot et sur le fond du vase.

Peinture noire tournée au brun rouge sur fond clair. Détails incisés. Haut. : 0 m 075.

193. Alabastre à panse piriforme. — Deux coqs affrontés de chaque côté d'un serpent. Rosaces dans le champ. Languettes rayonnantes sur le plat de l'embouchure, sur le col et sur le fond du vase.

Peinture noire rehaussée de rouge sur fond clair. Détails incisés. Haut. : 0 m 085.

194. Même forme. — Deux sirènes aux ailes relevées, affrontées de chaque côté d'une palmette renversée surmontée d'une fleur de lotus. Rosaces dans le champ.

Même technique. Haut. : 0 m 10.

195. Même forme. — Dieu barbu, ailé (ailes déployées de chaque côté du corps), courant à droite. Champ semé de rosaces.

Même technique. Style négligé. Haut. : 0 m 12.

196. Aryballe à panse sphérique. — Dieu barbu, ailé (ailes déployées et relevées de chaque côté du corps, tunique rouge, à bordures noires incisées), courant à droite. Derrière, sous l'anse, un cygne aux ailes déployées. Rosaces dans le champ.

Même technique. Haut. : 0 m 075.

197. Même forme. — Deux personnages masculins, un genou en terre dans l'attitude conventionnelle de la course, et se faisant face. Champ semé de rosaces.

Même technique. Haut. : 0 m 075.

198. Alabastre à panse allongée et à base pointue. — La panse est décorée de quatre zones d'animaux : dans la première, deux cygnes allant à droite; dans la seconde, la troisième et la quatrième, trois lionnes, tête de face, à droite. Le champ des trois zones est semé de rosaces.

Même technique. Haut. : 0 m 19.

199. Pyxis ronde à deux anses horizontales et couvercle à bouton plat. — Sur la panse, une zone d'animaux : deux lions rugissant marchant à gauche, séparés d'un côté par un bouquetin paissant, de l'autre par un taureau. Champ semé de rosaces. Près du bord, une bande de filets verticaux ondulés ; arêtes rayonnantes à la base. Le couvercle et son bouton sont décorés de cercles concentriques, de bandes de zigzags et de languettes.

Même technique. Parois très minces. Haut. : 0 m 13 ; diam. : 0 m 12.

200. Pyxis ronde à couvercle. — Trois petites anses verticales en forme de bustes de femme finement modelés relient l'épaule du vase à la tranche de l'embouchure. Sur la panse, une bande de palmettes noires et de boutons rouges et noirs alternés entre deux groupes de cercles noirs et rouges. A la base du col, godrons alternativement noirs et rouges. Sur le reste du vase, cercles noirs, cercles rouges, lignes de points, etc. — *Voir pl. IX.*

Terre pâle. La peinture a beaucoup souffert et est effacée en plusieurs endroits. Haut. : 0 m 16.

201. Coupe à deux anses horizontales et à pied court. — Sur la panse, une zone étroite, peinte et incisée : de chaque côté une palmette renversée et surmontée d'une fleur entre deux sirènes affrontées et deux lions rugissant. Sous les anses, un cerf paissant. Champ semé de rosaces. Au-dessus et au-dessous, bande de points superposés formant damier entre des cercles rouges. Près du bord, bande de filets verticaux ondulés ; à la base, double rangée d'arêtes rayonnantes. Rouge sur le pied ; l'intérieur en noir.

Terre pâle. Peinture noire rehaussée de rouge, détails incisés. Exécution très soignée. Haut. : 0 m 07 ; diam. : 0 m 12.

202. Boîte ronde à pied bas. — Sur la panse, zone peinte et incisée : une sirène aux ailes déployées, tournée à droite, entre deux sirènes aux ailes relevées et deux lionnes tête de face. Derrière les lionnes, à droite, un cerf paissant ; à gauche, un cygne entre deux sirènes affrontées ; derrière ce groupe, une lionne tête de face. Champ entièrement semé de rosaces et de points. Au-dessus et en dessous de cette zone et sur le plat de l'embouchure, cercles noirs et cercles rouges ornés de rosaces de points blancs. Près de la base, arêtes noires rayonnantes ; rouge sur le pied.

Terre pâle. Peinture noire rehaussée de rouge vineux et de blanc ; travail d'incision soigné. Haut. : 0 m 105.

203. Chytra à deux anses horizontales accostées de deux pointes saillantes, avec couvercle à haut bouton. — Sur le couvercle, zone peinte et incisée : un personnage ailé courant, à droite, en étendant les bras, entre deux groupes de lions rugissant affrontés et retournant la tête ; une lionne, tête de face, marchant entre deux bouquetins paissant affrontés. Champ semé de rosaces. Autour du bouton et sur le bouton, languettes rayonnantes et bande de points superposés formant damier entre des cercles concentriques. Sur la panse, une zone d'animaux : quatre lionnes, tête de face, alternant avec trois

bouquetins paissant et une chouette. Au-dessus de cette zone, une bande de points superposés formant damier entre deux cercles; près du bord, une bande de zigzags verticaux. Au-dessous, cercles noirs, arêtes rayonnantes à la base et noir sur le pied. Larges rubans noirs à l'intérieur du vase.

Terre pâle. Peinture noire rehaussée de rouge (sur la panse, les couleurs sont un peu effacées). Travail d'incision soigné. Haut. : 0 m 225 ; diam. : 0 m 212.

204. Cratère à oreillettes plates sur deux anses verticales rondes. — Le haut de la panse est décoré d'une zone de personnages peints et incisés. D'un côté, cinq satyres barbus se livrent à une danse burlesque, tandis qu'un sixième, à gauche, puise du vin dans un grand cratère. De l'autre côté, une sirène aux ailes déployées, à droite, entre deux cavaliers affrontés. Le champ des deux tableaux est semé de grosses rosaces. Sous les anses et sur le plat des oreillettes, un cygne. Sur le plat et sur le rebord de l'embouchure, bandes de zigzags obliques. Près de la base, arêtes noires rayonnantes. — *Voir pl. V.*

Peinture noire tournée au brun sur fond clair. Rehauts rouges. Incisions rapides. Le vase est brisé : le pied, l'une des anses et l'une des oreillettes manquent. Haut. : 0 m 29 ; diam. : 0 m 22.

ATTIQUE

STYLE GÉOMÉTRIQUE

205. Gobelet à anse plate. — Rubans circulaires, gros pointillés, lacet en zigzag.

Peinture noire sur fond jaune clair. Haut. : 0 m 095.

206. Coupe à rebord droit, sans pied et à deux anses plates horizonzales recourbées. — Sur le rebord droit, quatre métopes séparées par des bandes verticales de traits obliques et de damier; trois de ces métopes renferment chacune une croix gammée et la quatrième un losange accosté de triangles quadrillés.

Peinture noire tournant au brun jaune sur fond de terre pâle. Haut. : 0 m 06 ; diam. : 0 m 12.

207. Coupe plate à deux anses horizontales accostées de deux pointes saillantes. — L'intérieur en noir, avec un cercle réservé en clair. Sur le rebord clair, groupes de bâtonnets noirs. L'extérieur est orné sur le fond d'une rosace à sept branches; tout autour une bande d'ornements en feuilles elliptiques. Sur le bord, filets circulaires et gros pointillé.

Peinture noire tournée au brun rouge sur fond de terre pâle. Haut. : 0 m 04 ; diam. : 0 m 195.

208. Coupe profonde sans pied. — Les flancs sont décorés de bandes verticales composées alternativement de petits cercles ponctués réunis par des tangentes et de petits traits obliques.

Peinture noire tournée au brun sur fond jaune clair. Haut. : 0 m 08 ; diam. : 0 m 168.

209. Œnochoé à ouverture ronde et à anse plate. — Sur le col, une zone de filets verticaux, de rectangles treillissés et de damiers, avec, à droite et à gauche, une métope renfermant un oiseau d'eau. Sur le reste du vase, filets, pointillés et lacets en zigzag.

Peinture noire tournée au brun sur fond jaune clair. Haut. : 0 m 15.

210. Œnochoé à bec trilobé et large anse plate. — Sur le haut de la panse, deux zones de rondelles formées de petits cercles concentriques entre des filets circulaires et des lacets en zigzag. Sur le bas de la panse, filets et rubans circulaires. Sur le col, bandes verticales de zigzags et losanges quadrillés. — *Voir pl. I.*

Peinture noire tournant au brun rouge sur fond de terre rosée. Haut. : 0 m 37.

211. Grande œnochoé à embouchure ronde et à large anse plate. — La pièce est toute entière couverte d'ornements géométriques. Sur le col, entre deux zones de quadrillés et de filets, une grande grecque, des bandes verticales de zigzags, des losanges en damier, etc. Sur l'épaule, grecques, zigzags, quadrillés ; sur le devant, deux mamelons saillants. Sur la panse, plusieurs zones de zigzags, de damiers et de filets circulaires. Sur le plat de l'anse, un trait ondulé, accosté de petits points.

Même technique. Haut. : 0 m 40.

212. Large cratère à anses doubles. — Le col et la panse sont entièrement couverts d'ornements géométriques répartis par zones : pointillés, croix, quadrillés, damiers, méandres, filets et rubans circulaires, lacets en zigzag, languettes et bâtonnets, etc. Sous les anses, de chaque côté, une zone de quatorze oiseaux d'eau passant. Le pied manque. — *Voir pl. I.*

Peinture noire tournée au brun rouge sur fond pâle. Haut. : 0 m 52 ; diam. de l'ouverture : 0 m 32.

213. Grande œnochoé à couvercle et à large anse plate. — La pièce toute entière est couverte d'ornements géométriques. Sur le col, une large zone de losanges quadrillés entre plusieurs zones de filets, de quadrillés et d'oiseaux passant. Sur le milieu de la panse, une zone de métopes renfermant chacune un losange à damier accosté de triangles quadrillés. Au-dessus et au-dessous, plusieurs zones d'ornements variés. Le couvercle est décoré de cercles concentriques ; le bouton, qui est très haut, affecte la forme d'une œnochoé à anse plate, décorée elle aussi de plusieurs zones d'ornements. — *Voir pl. I.*

Peinture noire tournée au brun sur fond d'engobe jaune clair. Hauteur totale : 0 m 67.

STYLE CORINTHIEN

214. Réchaud en forme de trépied. — Sur la partie supérieure, autour de l'ouverture, une zone décorée de plusieurs groupes de sirènes affrontées; rosaces dans le champ. Sur l'un des pieds, cinq femmes debout à droite, en face d'une sixième debout à gauche; elles ont les cheveux pendant sur le dos et sont vêtues d'une tunique longue à bordure incisée. Sur les deux autres pieds (l'un est brisé à mi-hauteur), une figure féminine debout à droite, entre deux sirènes affrontées. Noir à l'intérieur et sur le fond.

Peinture noire tournée au brun rouge sur fond de terre rougeâtre. Rehauts rouges; détails incisés. Haut. : o^{m} 10; diam. : o^{m} 19.

VASES A FIGURES NOIRES

215. Pseudo-vase en forme de calebasse, sans ouverture. — Sur la panse, une zone de personnages : scène ordinaire du départ du guerrier. Au-dessus, cercles concentriques noirs et rouges, etc.

VIe siècle.

Peinture noire sur fond jaune clair. Rehauts rouges et blancs. Haut. : o^{m} 21. Le haut du col est brisé.

216. Fragments d'une loutrophore. — *A*. Une partie du col avec l'une des anses à double bordure saillante. L'anse est réunie au col par une partie pleine décorée d'un ruban blanc à ondulations serpentines sur fond noir; sur le plat et les bordures saillantes, grosses rosaces noires incisées. Sur la partie conservée du col, une suite de femmes marchant à droite en faisant des gestes de lamentation; plus bas, une zone d'animaux : lionnes, sirènes, etc.

B. Plusieurs fragments de la panse donnant des détails de la *prothésis* et des scènes de lamentation (procession d'hommes et de femmes levant les bras).

C. Un fragment du pied : frise de cavaliers.

Très beau style de la seconde moitié du VIe siècle.

Peinture noire rehaussée d'engobes blancs et violacés. Incisions soignées.

217. Fragments d'un col de loutrophore. — Quelques parties de la scène de lamentation et d'une frise d'animaux.

Même technique.

218. Alabastre. — Athéna montant en char; elle est suivie par Héraklès (peau de lion et massue), lequel est accompagné d'un bouc. A côté des chevaux, Apollon portant la cithare; devant les chevaux, Hermès.

Peinture noire rehaussée de rouge et de blanc sur fond orangé. Le vase a souffert du feu. Haut. : o^{m} 17.

219. Petite hydrie à tableau. — Sur le haut de la panse, dans un cartel réservé, un éphèbe à moitié nu courant à gauche, entre deux personnages drapés et armés d'une lance. Au-dessus, bordure de boutons de lotus renversés et de godrons noirs et rouges.

Peinture noire rehaussée de rouge. Haut. : 0m 245.

220. Petit plat votif. — Dionysos assis à droite sur un siège en X, la tête couronnée de pampres. Il tient une corne à boire dans la main gauche. Le bord en noir.

Deux trous de suspension. Diam. : 0m 135.

221. Lécythe à couverte blanche. — Le décor de la panse est fort endommagé. A gauche, un guerrier montant dans un char attelé de deux chevaux; à côté de lui, un troisième cheval. Près des chevaux, un autre guerrier armé d'un grand bouclier rond, — et un peu plus loin Athéna casquée. Devant les chevaux, à droite, un jeune homme vêtu de la cuirasse et tenant en main une épée courte dans son fourreau; à ses pieds, un bouclier rond. Devant lui, aux pieds des chevaux, un chien. Inscriptions fictives dans le champ. Sur l'épaule rouge, languettes et boutons de lotus. — *Voir pl. IX.*

Peinture noire rehaussée de rouge. Exécution très soignée. Haut. : 0m 17.

222. Balsamaire en forme de tête de femme de type archaïque. — Les yeux, d'un ovale très allongé, ont l'iris peint en blanc; entre les lèvres, un filet de couleur rose. Sur la calotte noire qui figure les cheveux, traces d'une couronne de feuilles de lierre en blanc d'applique. — *Voir pl. IV.*

Terre jaunâtre. Haut. : 0m 095.

VASES A FIGURES ROUGES

223. Petite coupe. — A l'intérieur, dans un cercle rouge réservé, un guerrier court vers la droite en retournant la tête. Il est casqué, porte des cnémides, et une draperie autour des reins; il est armé d'une lance et d'un bouclier rond (épisème : un cheval). Il a au côté droit une blessure d'où le sang s'échappe. Inscription : ΚΑΛΟΣ ΗΟ Π[αις].

Trouvé à Mégare. — *Voir pl. X.*

Détails en bistre léger. Retouches en rouge. Haut. : 0m 085; diam. : 0m 18.

224. Même forme. — A l'intérieur, dans un cercle rouge réservé, un éphèbe nu (couronne de feuillages rouges) penché à droite au-dessus d'une vasque dans laquelle il plonge les mains. Le reste en noir.

Trouvé à Mégare. — *Voir pl. X.*

Haut. : 0m 08; diam. : 0m 165.

225. Coupe. — A l'intérieur, dans un encadrement en grecque, un éphèbe nu s'avançant à droite; il porte la chlamyde sur l'épaule et le bras gauches et tient de la main droite une longue canne noueuse à poignée. Le revers, dont il ne reste plus que quelques fragments, était décoré d'un kômos d'éphèbes. Un groupe conservé au complet nous montre un éphèbe dansant devant un homme barbu jouant de la double flûte. Le jeune homme porte la chlamyde étendue sur le bras gauche; de la main droite, il agite au-dessus de sa tête une longue canne à poignée. Ce groupe est d'un fort beau style.

Athènes. — *Voir pl. X.*

Haut. : 0m 10; diam. : 0m 23. Nombreux recollages.

226. Péliké. — Sur la face antérieure, un athlète nu, penché à droite au-dessus d'une vasque posée sur un pied, dans laquelle il plonge la main gauche; de la main droite, il tient un strygile. Sur le flanc de la vasque, l'inscription **KAΛOΣ** en lettres noires. Au pied de la vasque, à droite, un jeune esclave accroupi tient d'une main une éponge (?), de l'autre main une sorte de plateau. Dans le champ au-dessus de la vasque, un sac et un alabastre, et un peu plus bas une haltère. Sous les figures, un méandre accosté de petits carrés ponctués. — Sur l'autre face, un éphèbe drapé, appuyé à droite sur une longue canne noueuse, devant une colonne. Dans le champ, un alabastre; au-dessus, un zigzag à gros points en forme de grenades. Palmettes à l'attache des anses.

Très beau style du commencement du ve siècle. — *Voir pl. X.*

Détails en bistre léger; quelques retouches rouges. Le col est refait. Haut. : 0m 285.

227. Petit skyphos à deux anses, l'une ronde et horizontale, l'autre plate et verticale. — *A.* Zeus nu marchant à grands pas vers la droite. Il porte sur le bras gauche étendu les plis de sa chlamyde; sur sa main est posé l'aigle. De la main droite, portée en arrière, il brandit un foudre. *B.* Le géant Porphyrion fuyant devant Zeus, vers lequel il retourne la tête dans un mouvement d'effroi; il est caractérisé par la pardalide qu'il porte sur le bras gauche étendu.

Beau style. — *Voir pl. IX.*

Le vase a été brisé en plusieurs morceaux. La figure du géant est fort endommagée et le fond noir du vase a en grande partie tourné au rouge corail. Haut. : 0m 095; diam. : 0m 12.

227 *bis.* Coupe. — A l'intérieur, dans un encadrement en grecque, une jeune femme debout à droite portant un kalathos sur la main gauche. Au revers, groupes d'éphèbes et de paidotribes. Palmettes sous les anses.

Haut : 0m 09; diam. : 0m 23.

228. Grande hydrie. — Triptolème sur son char ailé, entre Perséphonè et Déméter. Triptolème tient d'une main un sceptre et de l'autre une patère qu'il tend vers Perséphonè, laquelle y verse le contenu d'une œnochoé qu'elle porte à la main droite; de la main gauche, elle tient un long sceptre. Au-dessus de la tête de la déesse, on lit **ΦΕΡΟΦΑΤΑ**.

(Cette forme très rare du nom de la Koré ne se trouve, avec une ou deux variantes, que dans des inscriptions vasculaires; *cf.* Roscher, II, p. 1287). Les autres inscriptions ont disparu. Derrière le char, Déméter tient d'une main une torche, de l'autre un bâton. Dans le haut, bande de palmettes; dans le bas, grecque mêlée de croisettes. Godrons sur le rebord de l'embouchure.

Première moitié du ve siècle.

Le vase a beaucoup souffert; plusieurs morceaux manquent. Haut. : 0[m] 37.

229. Même forme. — Intérieur de gynécée. A gauche, une jeune femme debout (chiton dorien à bordure noire) présente un grand coffret à une autre femme (tunique à plis fins, himation sur les genoux) assise en face d'elle sur un siège à dossier. A droite, une jeune femme, vêtue d'une tunique à plis fins, se regarde dans un miroir; devant elle, une quatrième femme (tunique à plis fins, himation drapé sur l'épaule gauche, coiffure en cécryphale) tient de la main droite une longue bandelette. Dans le haut, bordure de laurier, dans le bas, grecque mêlée de croisettes. Godrons sur le rebord de l'embouchure.

Milieu du ve siècle.

Haut. : 0[m] 35.

230. Pyxis ronde à couvercle. — Le couvercle était muni d'un anneau de métal. Le corps de la boîte ne porte aucun décor. Sur le couvercle, Erotes et femmes : Un Eros debout, près d'un autel bas à quatre degrés, joue de la flûte; en face de lui se tient une femme qui a une lyre à la main. A droite, un groupe de deux femmes, l'une tenant une guirlande de fleurs, l'autre une œnochoé, une patère et une couronne de fleurs. Plus loin, un Eros au vol tenant des deux mains une couronne de fleurs qu'il présente à une femme assise devant lui, une lyre à la main droite. Derrière celle-ci, une femme s'avançant à droite en jouant de la flûte et une femme assise à droite, une lyre à la main. Tous les personnages portent des *stéphané* radiées. Autour du bouton et sur le rebord du couvercle, zone de languettes.

Les couronnes et les fleurs sont peintes en blanc d'applique. Excellent état de conservation. Haut. : 0[m] 07 ; diam. du couvercle : 0[m] 205.

231. Œnochoé à embouchure trilobée. — Un tableau sur le devant de la panse : deux jeunes garçons couronnés de feuilles de lierre se tiennent debout de chaque côté d'une petite table basse qui porte deux *choé*. Celui de gauche est vêtu de la chlamyde et tient une lyre ; celui de droite est nu et tient des flûtes. Au-dessus et au-dessous, bordures d'oves.

Haut. : 0[m] 155.

LÉCYTHES BLANCS

232. Lécythe. — Deux femmes debout se faisant face. Celle de gauche est vêtue d'un chiton long à manches courtes et coiffée d'un *sakkos ;* elle tient d'une main une couronne de feuillages, de l'autre main des flûtes. Celle de droite est vêtue d'un chiton à manches courtes et d'un manteau qui lui cache le bras gauche; de la main droite, elle tient une lyre.

Dans le haut, une grecque; sur l'épaule, palmettes rouges sur fond noir.

Trouvé à Érétrie. — *Voir pl. IX.*

Dessin au trait bistré rehaussé de noir sur fond crème. Les chairs en blanc d'applique. Nombreux recollages exécutés avec habileté; quelques fragments manquent. Haut. : 0m 37.

233. Petit lécythe. — Un éphèbe portant l'himation drapé sur l'épaule gauche étend la main droite vers une stèle parée de bandelettes rouges. Dans le haut, grecque et filets circulaires. Sur l'épaule, double rangée de languettes noires sur l'argile rouge du vase.

Dessin au trait noir en partie effacé. Haut. : 0m 18.

234. Lécythe. — Offrande à la stèle. Au milieu, une stèle sans ornements. A gauche, un éphèbe portant des deux mains plusieurs phiales posées l'une sur l'autre. A droite, une femme avançant les deux bras vers la stèle. Dans le haut, grecque et filets circulaires. Sur l'épaule, palmettes rouges sur fond blanc.

Dessin au trait rouge en partie effacé. Haut. : 0m 25.

235. Lécythe. — Au milieu, une stèle à fronton triangulaire parée d'une ténie. A droite, un jeune guerrier casqué, vêtu d'une tunique transparente, une lance à la main gauche, étend la main droite vers la stèle. A gauche, une jeune fille vêtue d'un chiton, la main dans les cheveux, s'abandonne à la douleur. Dans le haut, une grecque noire entre des cercles rouges. Sur l'épaule, palmettes rouges et noires sur fond blanc. — *Voir pl. IX.*

Dessin au trait rouge en partie effacé. Haut. : 0m 30.

236. Lécythe polychrome. — Au milieu, une stèle funéraire parée de bandelettes. A droite, une femme vêtue d'un chiton violet, portant un plateau chargé de couronnes. A gauche, un homme barbu, vêtu d'un manteau bleu, et appuyé sur un long bâton, apporte comme offrande une oie. Dans le haut, grecque noire et filets rouges. Palmettes rouges et noires sur l'épaule.

Beau style. Athènes. — *Voir pl. IX.*

Dessin au trait noir. Peinture polychrome. Haut. : 0m 38.

237. Grand lécythe. — Devant une stèle funéraire couronnée de volutes ioniques et d'une palmette, une jeune femme (cheveux rouges), vêtue d'un chiton, est assise à gauche; elle s'appuie de la main gauche sur la marche supérieure de la stèle et tient la main droite levée. A gauche, un éphèbe vêtu d'un manteau rouge (cheveux rouges), deux lances dans la main gauche, touche de la main droite la main de la jeune femme assise, qui représente la morte. A droite, une femme vêtue d'un chiton dorien, tient d'une main

un alabastre, de l'autre un grand kalathos. Dans le haut, une grecque; palmettes sur l'épaule.

Beau style du ve siècle. Athènes.

Dessin au trait rouge en partie effacé. Haut. : 0 m 40.

238. Grand lécythe. — Devant une stèle élevée sur plusieurs marches, ornée d'une frise d'oves et couronnée de volutes ioniques et d'une palmette, un éphèbe vêtu d'un manteau rouge est assis à droite. Il tient la main gauche levée à la hauteur du front, la main droite tendue en avant. En face de lui, à droite, une femme tenant un plateau sur la main gauche et tendant la droite vers la stèle. A gauche, un homme barbu, vêtu d'un manteau violet, étend le bras droit vers la stèle. Celle-ci est parée de ténies rouges.

Beau style du ve siècle.

Dessin au trait rouge. Haut. : 0 m 48.

*
* *

239-241. Trois petits vases sans décor : amphorisque, lécythe aryballisque et petite coupe. Beau vernis noir.

ITALIE

STYLE ATTIQUE. VASES A FIGURES NOIRES

242. Coupe ornée d'yeux prophylactiques. — L'intérieur en noir, sauf le centre, réservé et orné d'une tête de Gorgone vue de face et tirant la langue. Sur le revers, de chaque côté, entre deux grands yeux (un cercle en blanc dans la prunelle), une Ménade drapée, dansant en levant les mains (chairs peintes en blanc, tuniques à larges raies rouges et noires). A droite et à gauche, au delà des yeux, un éphèbe nu dansant avec des gestes semblables. Sous chaque anse, un dauphin nageant.

Seconde moitié du vi[e] siècle. — *Voir pl. XI.*

Terre orangée. Peinture en noir lustré avec rehauts rouges et blancs. Exécution très soignée. Excellent état de conservation. Haut. : 0 m 09; diam. : 0 m 22.

243. Magnifique amphore à tableaux (anses plates et fortes à double bordure saillante; couvercle à bouton). — Un sujet dans une métope, sur chaque côté de la panse :

A. Un personnage barbu, à moitié nu (chlamyde sur l'épaule gauche) intervient entre deux combattants et essaie de les séparer. Il s'avance vers la droite en retournant la tête vers le guerrier de gauche, auquel il fait de la main un geste d'apaisement. Celui-ci est entièrement nu; il est barbu et ses cheveux se répandent en longues boucles sur ses épaules. Il porte des cnémides et un casque à haut cimier; à la main droite il tient une épée, à son bras droit est passé un grand bouclier rond dont on voit la face intérieure. Le guerrier de droite, dont la tête manque, est armé de la même manière, mais il présente la face extérieure de son bouclier qui porte pour épisème un chien peint en blanc d'applique (la couleur blanche a disparu) et est bordé d'une large bande rouge. A droite et à gauche de ce groupe se tient un personnage barbu drapé.

B. Dionysos et son thiase. Au centre, Dionysos tient de la main gauche levée un canthare et de la main droite un cep de vigne dont les rameaux remplissent le champ autour de lui (barbe rouge, grosse couronne de pampres rouges, himation). Il s'avance vers la droite et retourne la tête vers une Ménade qui le suit en jouant des crotales (coiffure en cécryphale, couronne de pampres à rehauts rouges, tunique à croix incisées); celle-ci est suivie d'un Silène nu, dansant et jouant de la double flûte (barbe rouge, couronne de pampres et queue de cheval rouges) et d'une Ménade qui joue également des crotales (mêmes détails de costume). A droite, devant Dionysos, une troisième Ménade qui s'avance vers la gauche en jouant des crotales (mêmes détails, pas de couronne) et un Silène nu et ithyphallique qui s'avance vers la droite en jouant de la double flûte (barbe rouge, queue de cheval rouge).

Au-dessus de chaque tableau, une bande de palmettes et de lotus allongés et opposés deux à deux. Sur le couvercle est figurée une course de chars : trois quadriges, à égale distance l'un de l'autre, s'avancent vers la droite. A la base du bouton, une zone d'arêtes rayonnantes; au bord du couvercle, filets et rubans circulaires et guirlande de feuilles de lierre. Même guirlande sur les bordures saillantes des anses. Sous l'attache de chaque anse, une palmette noire sur fond rouge réservé.

Très beau style de la fin du VIe siècle. — *Voir pl. VII.*

Terre jaunâtre; surface orangée. Peinture en très beau noir lustré. Retouches rouges et blanches : les chairs des Ménades étaient peintes en blanc. Les cassures sont très soigneusement réparées. Haut. totale : 0^{m} 65.

244. Amphore (anses trifides). — Scènes de palestre : *A.* Deux athlètes nus, les poings entourés du ceste, cherchent à se porter des coups dans la figure. A gauche se tient le paidotribe, drapé dans son himation, sa baguette fourchue à la main; à droite un troisième athlète nu tient dans la main droite les lanières du ceste.

B. Deux athlètes nus à droite : l'un tient en main un disque, l'autre des haltères. Derrière celui-ci se tient le paidotribe.

Sur le col, une bande de palmettes et de lotus allongés et opposés deux à deux. En haut de l'épaule, de chaque côté, une bande de godrons. Sous l'attache des anses, losange accosté de trois lotus et d'où partent quatre longs pédoncules terminés en palmettes. Sur le bas de la panse, une zone de boutons de lotus et une zone de languettes rayonnantes.

Terre orangée. Les barbes des personnages, ainsi que le disque et les haltères sont peints en couleur rouge. Quelques recollages. Haut. : 0^{m} 41.

245. Même forme. — *A*. Hèraklès et le lion de Némée. Le lion est aplati par terre, le corps arc-bouté. Hèraklès nu, allongé, est presque couché sur la bête dont il entoure le cou de ses deux bras pour essayer de l'étouffer. Au-dessus de ce groupe, dans le champ, sont suspendus la chlamyde, l'épée, le carquois et l'arc du héros. A droite, Athéna armée de la lance et du bouclier; à gauche, Iolaos barbu et drapé, tenant la massue d'Hèraklès.

B. Personnage féminin drapé, entre deux guerriers casqués, armés d'une lance et d'un grand bouclier rond.

Pour le reste, même ornementation que le n° précédent. — *Voir pl. VIII.*

Style négligé. Nombreux recollages; quelques fragments manquent. Peinture noire tournée en partie au brun. Rehauts rouges. Haut. : 0m 285.

246. Même forme. — *A*. Hèraklès et les Amazones : Hèraklès vêtu de la peau de lion s'avance à droite, la jambe gauche levée; il porte sur le dos l'arc et le carquois, au côté gauche une courte épée. De la main droite il brandit la massue et s'apprête à frapper une Amazone qui lui fait face en le menaçant de la lance. Elle est vêtue d'une tunique courte et porte un casque à haut cimier et un grand bouclier rond. Aux pieds des deux combattants est étendue une Amazone blessée qui s'appuie sur son bouclier; elle est coiffée d'une *kidaris* et porte le carquois au côté.

B. Combat de deux guerriers (cuirasses, tuniques courtes, casques à hauts cimiers; celui de droite a un grand bouclier rond, celui de gauche un bouclier ovale à échancrures) armés de la lance, au-dessus du corps d'un troisième guerrier blessé et gisant à terre.

Sur le col, de chaque côté, trois palmettes, deux droites et une renversée. Pour le reste, ornementation analogue à celles des numéros précédents. — *Voir pl. VIII.*

Terre orangée. Peinture en noir lustré. Les chairs des Amazones sont peintes en blanc, rehauts rouges et blancs. Sous l'une des anses le vase porte les traces d'un coup de feu. Haut. : 0m 27.

STYLE ATTIQUE : VASES A FIGURES ROUGES

247. Grande coupe. — A l'intérieur, dans un cercle rouge réservé, un guerrier s'avance vers la droite en retournant la tête (casque à haut cimier, cnémides, grand bouclier rond; le torse est entièrement repeint). Inscription circulaire : HO ΓAIΣ (rétrograde) KAΛO [Σ].

Revers. *A*. Hèraklès et le lion de Némée. L'animal est à moitié aplati par terre, la gueule ouverte. Le héros nu (couronne rouge) est penché sur lui et cherche à l'étouffer. Au-dessus, dans le champ, le carquois et le vêtement du héros. A gauche du groupe, Hermès s'avance à gauche en retournant la tête; à droite un éphèbe nu (Iolaos?). Au-dessus des personnages une inscription : [H]O ΓAIΣ KAΛOΣ (rétrograde).

B. Thésée et le taureau de Marathon. Le taureau est tombé sur le genou gauche de devant. A gauche, le héros nu (couronne rouge) se penche vers la bête sur le cou de laquelle il appuie le genou droit; des deux mains il tient une corde qu'il a passée aux jambes de devant et au cou du taureau. De part et d'autre, un éphèbe portant la chlamyde et tenant un bâton. Inscription : HO ΓΑΙΣ ΚΑΛΟΣ (rétrograde).

Sous les personnages, un cercle rouge réservé. Sous chaque anse, une palmette rouge accostée de deux pédoncules terminés de part et d'autre par une palmette et un lotus. — *Voir pl. XI.*

Dessin au trait noir lustré; retouches rouges. Nombreux recollages. Haut. : 0 m 13; diam. : 0 m 335.

248. Grande coupe. — A l'intérieur, dans un cercle rouge réservé, un athlète nu (couronne rouge) se lavant dans un grand bassin. Inscription circulaire : HO ΓΑΙΣ ΚΑΛ [ος].

Au revers, scènes de palestre : *A.* Un éphèbe nu (couronne rouge) plongeant le bras droit dans une vasque profonde. Un autre s'avance à gauche, tandis qu'un troisième s'éloigne de l'autre côté. Inscription : HO ΓΑΙΣ ΚΑΛΟΣ.

B. Au milieu du tableau un athlète s'apprêtant à lancer le disque; un autre à gauche est occupé à revêtir sa chlamyde, tandis qu'un troisième, à droite, s'éloigne en retournant la tête. Inscription : HO ΓΑΙΣ ΚΑΛΟ [ς].

Sous les personnages, un cercle rouge réservé. Sous chaque anse, un bouton de lotus, et de chaque côté des anses, une grande palmette.

Même style. — *Voir pl. XI.*

Même technique. Haut. : 0 m 12; diam. : 0 m 335.

248 *bis.* Coupe. — A l'intérieur, dans un cercle rouge réservé, un homme barbu et nu s'exerçant aux haltères devant un autre personnage barbu et couronné de feuillages, drapé dans un manteau. Dans le champ, des haltères. Inscription circulaire : HO ΓΑΙΣ ΚΑ[λος]. — Au revers, d'un côté, une suite de cinq hoplitodromes s'avançant vers la gauche (grands boucliers ronds à épisèmes), — de l'autre côté, trois éphèbes occupés à des exercices de palestre (haltères, disque, javelot) et un quatrième courant derrière un cheval.

Style négligé.

Dessin au gros trait noir lustré. Nombreux recollages; les anses et plusieurs fragments manquent. Haut. : 0 m 125; diam. : 0 m 31.

249. Coupe. — A l'intérieur, dans un encadrement en grecque, un homme barbu, la chlamyde drapée sur l'épaule gauche, appuyé sur une longue canne noueuse, offre un lièvre à un jeune athlète nu, qui se tient debout devant lui, un strygile à la main. Le jeune homme tend la main droite pour prendre le lièvre. Derrière lui, un fût de colonne. Inscription circulaire : HO Γ[α]ΙΣ ΚΑΛΟΣ. — Au revers, Dionysos précédé et suivi de Ménades et de Silènes.

Style de Hiéron. — *Voir pl. XI.*

Nombreux recollages. Haut. : 0 m 13; diam. : 0 m 31.

250. Grande coupe. — A l'intérieur, dans un encadrement de grecques et de croisettes, Hêraklès et le sanglier d'Erymanthe : L'animal court vers la droite; le héros (chlamyde sur les épaules, le reste du corps nu) tenant la massue de la main gauche, s'apprête à frapper le sanglier de son glaive qu'il tient dans la main droite levée.

Au revers, scènes de palestre : *A*. Six éphèbes groupés par deux. *B*. Deux groupes de trois éphèbes. Accessoires de palestre. Sous les personnages, une bande de grecques et de croisettes. En dessous et de chaque côté des anses, palmettes réunies par des pédoncules. — *Voir pl. XI.*

Style négligé. Nombreux recollages; quelques restaurations. Haut. : 0 m 16; diam. : 0 m 36.

*
* *

251. Amphore de Nola. — *A*. Une jeune femme assise à gauche sur un siège à dossier, la main droite levée (chiton long à manches courtes, himation), cause avec un éphèbe, qui se tient debout devant elle, appuyé sur une longue canne noueuse (couronne de feuillages, chlamyde drapée sur l'épaule gauche). Il fait un geste de la main gauche avancée, tandis qu'il appuie la droite sur la hanche. Au-dessus des personnages, dans le champ, un coffret. En dessous, une bande de grecques et de croisettes.

B. Une femme debout drapée dans un grand himation. En dessous, une grecque. — *Voir pl. VIII*

Exécution très soignée; excellent état de conservation. Haut. : 0 m 35.

252. Petit gobelet à une anse, décoré d'une figure de jeune garçon drapé dans son manteau.

Jolie petite pièce d'une conservation parfaite. Haut. : 0 m 10.

253. Grand cratère campaniforme. — *A*. Au milieu du tableau, une Ménade debout à droite (chairs peintes en blanc, couronne de feuillages blancs), un thyrse à la main gauche; de la main droite elle touche l'épaule de Dionysos assis devant elle, à droite, et retournant la tête. Il est nu et tient un thyrse. A côté de lui, un Silène tenant une corne à boire. A gauche, est assis Hermès, nu et tenant le caducée; il retourne la tête à droite. Près de lui se tient une Ménade qui s'apprête à lui poser sur la tête une couronne de feuillages blancs.

B. Trois palestrites drapés.

Dans le haut, bordure de laurier; dans le bas, grecque mêlée de croix.

Style négligé de basse époque. — Capoue.

Haut. : 0 m 32.

254. Grande amphore de fabrique tarentine. — Ce vase ne porte aucun décor : l'argile en est simplement recouverte d'une couche d'engobe blanc crème. Les anses en

volutes sont ornées de chaque côté d'un masque de Méduse en relief d'un très beau travail, et amorties dans le bas par des cols de cygnes.

Haut. totale : 0 m 86. Excellent état de conservation.

255-263. NEUF VASES sans décor trouvés à Santa Maria di Capua. — Vernis noir imitant la technique des vases de métal.

Excellent état de conservation.

264. ASKOS en bucchero nero. — Masque de Méduse en relief.
Même provenance.

VASES DE PROVENANCES DIVERSES

265. DEUX PYXIS en forme de toupies; couvercles à haut bouton. — Autour de l'ouverture, une bande claire décorée d'une zone de languettes. Le reste en noir.
Trouvées à Amorgos.

Excellent état de conservation. Haut. totale : 0 m 225.

266. CANTHARE sans pied; deux anses verticales munies de pouciers. — Terre recouverte d'émail blanc avec traces de couleur bleue. Les deux côtés de la panse sont décorés de branches de feuillage en relief.

Bon état de conservation. Haut. : 0 m 10; diam. : 0 m 12.

267. VASES, et fragments de vases, d'époques et de techniques diverses. — Cinq petits vases en terre émaillée de couleur bleue, trouvés à Camiros.

TERRES CUITES

ÉGYPTE

268. Femme debout diadémée, vêtue d'un chiton et d'un manteau peints en bleu et en rouge; de la main droite tendue en avant elle tient une patère, de la main gauche abaissée, une œnochoé.

Basse époque alexandrine.

Exécution sommaire. Haut. : 0 m 19.

CHYPRE

269. Femme debout, les bras et les pieds nus; les bras (mains brisées) sont repliés sur le ventre proéminent. Elle est vêtue d'un long vêtement plissé formant pantalon dans le bas et d'une large et épaisse ceinture enroulée autour du ventre et des reins. Ses cheveux frisés en bandeaux parallèles tombent de chaque côté sur les épaules.

Traces d'engobe rose. Haute base en forme de pyramide tronquée. Haut. 0 m 315.

270. Éros au vol (les ailes rapportées, qui étaient attachées aux épaules comme l'indiquent les trous d'attache, manquent). Il est nu et se présente de face, la tête légèrement penchée, les cheveux bouclés et parés de feuillages et d'une couronne en bourrelet; il porte la chlamyde en écharpe sur l'épaule gauche et sur le bras droit. De la main droite il tient une corne à boire; la main gauche levée est brisée.

Terre rosée; traces d'engobe blanc. Haut. 0 m 35.

RHODES

271. Masque fragmenté de déesse d'un bel archaïsme. Les cheveux, bouclés sur le front, étaient coiffés d'un diadème.

Terre rosée; engobe blanc.

272. Masque de déesse de style archaïque. Les cheveux, ondulés sur le front et séparés en deux bandeaux, sont couronnés d'une *stéphané*.

Terre rosée; engobe blanc. Deux trous de suspension.

273. Trois petits masques de femmes voilées, couronnées de la *stéphané*.

BÉOTIE

274. Idole de style primitif représentant une femme portant un enfant dans les bras. Le corps, façonné en galette, s'évase dans le bas où deux pieds rudimentaires font saillie. La femme et l'enfant ont des profils d'oiseau et sont coiffés d'un *kalathos*.

Terre commune; traces d'engobe blanc. Haut. : 0 m 177.

275. — Déesse de style archaïque. — Elle est debout, de face, vêtue d'un chiton long et d'un manteau qui fait office de voile. Sa haute chevelure, bouclée et parée de ténies, est couronnée d'un *kalathos*. La main droite levée écarte la draperie; la main gauche abaissée tient un chapelet de grosses perles. — *Voir pl. XIII.*

Terre commune; traces d'engobe blanc. Cheveux rouges. Haut. : 0 m 34.

276. Déesse de même style. — Elle se tient debout, de face, le genou droit légèrement plié, vêtue d'un chiton dorien avec *apotygma*, tombant en plis droits. Sa chevelure bouclée est coiffée d'un *kalathos* décoré de palmettes en relief par-dessus lequel son himation forme voile. La main gauche levée et la main droite pendante saisissent la draperie. — *Voir pl. XIII.*

Terre commune; engobe blanc. Rouge sur les cheveux. Haute base quadrangulaire. Haut. : 0 m 34.

277. Déesse de même style. — Haute chevelure bouclée couronnée d'un *kalathos* très élevé. La déesse est vêtue d'un chiton dorien avec *apotygma*, tombant en plis droits; elle porte la main droite à la poitrine, la main gauche abaissée tient une fleur(?).

Engobe blanc; les cheveux en rouge. Sur la haute base quadrangulaire sont tracées plusieurs lignes horizontales rouges. Haut. : 0 m 365.

278. Même type que le numéro 275. — *Voir pl. XIII.*

Haut. : 0 m 38.

279. Déesse (Héra?) debout, de face, le genou droit légèrement plié, les bras pendant le long du corps. Elle est vêtue d'un chiton long avec *apotygma*, tombant en plis droits. La chevelure, bouclée et répandue sur les épaules, est striée horizontalement à l'égyptienne; elle est couronnée d'un haut *kalathos*. — *Voir pl. XIII.*

Terre commune; traces d'engobe blanc sur toute la statuette et de couleur bleue sur l'*apotygma* et sur le *kalathos*. Haute base quadrangulaire. Haut. : 0 m 395.

280. Déesse de même style. — Même costume et même attitude. Elle ne porte pas de *kalathos;* ses cheveux, bouclés sur le front, sont coiffés d'un bonnet sous lequel le chignon fait par derrière une saillie en pointe. — *Voir pl. XIII.*

Traces d'engobe blanc. Haute base quadrangulaire. Haut. : o m 365.

281. Même type que le numéro 279.

Traces de couleur rouge sur l'*apotygma*. Haut. : o m 30.

282. Même type que le numéro 280.

Engobe blanc. Restes de couleur rouge (larges bordures) et de couleur bleue sur le chiton et sur l'*apotygma*; les cheveux et les lèvres en rouge. Sur la base quadrangulaire, deux larges raies rouges. Haut. : o m 27.

283. Éphèbe nu, debout, la jambe gauche légèrement fléchie; de la main gauche il tient un coq contre sa poitrine. Il porte sur les épaules une chlamyde dont il saisit les plis de la main droite abaissée.

La figurine est couverte d'un engobe blanc, par-dessus lequel les chairs sont peintes en rouge vif. Haute base quadrangulaire. Haut. : o m 25.

284. Même type. — La chevelure bouclée de l'éphèbe est ceinte d'une ténie. Au lieu d'un coq, il tient dans la main gauche un lièvre. — *Voir pl. XIII.*

La chlamyde porte des traces de couleur bleue; les chairs et les cheveux sont peints en rouge vif. Sur la base quadrangulaire, deux lignes horizontales rouges. Haut. : o m 375.

285. Même type que le numéro 283.

Traces d'engobe blanc; pas de couleur. Haut. : o m 273.

286. Femme debout, tenant de la main gauche une boîte dont le couvercle est levé et qui contient sans doute des offrandes. Elle est vêtue d'un chiton long, échancré sur la poitrine et d'un himation qui fait office de voile et dont elle écarte les plis de la main droite levée.

Terre commune; engobe blanc. Base ronde à moulures. Haut. : o m 217.

287. Femme debout, tenant un gros fruit (?) dans la main gauche. Elle a le haut du corps et les bras nus. De la main droite levée elle écarte les plis de son manteau, qui forme voile par-dessus la tête et couvre les jambes.

Terre commune; engobe blanc. Base ronde à moulures. Haut. : o m 232.

288. Femme debout dans une attitude pleine de noblesse, la main gauche sur la hanche, l'autre pendant le long du corps, la jambe droite fléchie. Elle est vêtue d'un chiton long à plis fins et d'un himation qui découvrent le côté gauche de la poitrine.

Terre commune; engobe blanc. Base ronde à moulures. Haut. : o m 26.

289. *Pan.* — Il est représenté debout, nu, avec une barbe, des cornes et des jambes de bouc, les bras pendant le long du corps. Le bras gauche est couvert par les plis de la chlamyde De la main droite il tient une syrinx(?), de l'autre une corne à boire.

Les chairs sont peintes en rouge, les jambes et la barbe portent des traces de couleur bleue. La base quadrangulaire est décorée de lignes horizontales rouges. Haut. : 0 m 235.

290. Fragment de statuette représentant une jeune femme (Némésis ?) tenant un cygne de la main droite. La figurine est brisée au-dessus des jambes. La poitrine et les bras sont nus; l'himation, dont la main droite écarte les plis, couvre le dos et le bas du corps. La tête est modelée avec beaucoup de finesse.

Très beau style.

Exécution très soignée. Engobe blanc très frais; traces de couleur. Haut. : 0 m 16.

291. Fragment d'un vase à décor plastique : figure masculine assise de face, la poitrine nue, les jambes couvertes par les plis de la chlamyde. La tête et les avant-bras manquent. Très beau style.

Terre rosée; engobe blanc. Au revers, vernis noir. Haut. : 0 m 12.

292. Homme nu accroupi dans une attitude de souffrance. Il s'appuie de la main droite sur le sol et penche la tête en arrière.

Terre commune; traces d'engobe blanc et de couleur rouge. Base quadrangulaire. Haut. : 0 m 12.

293. Silène nu, debout, la chlamyde sur les épaules, portant un enfant emmailloté (Dionysos ?).

Engobe d'un blanc rose. La chlamyde et le maillot étaient peints en bleu clair, la barbe et les yeux du Silène en noir. Haut. : 0 m 132.

294. Silène accroupi, les jambes écartées, la queue de cheval servant de troisième point d'appui à la figurine. Il porte la main gauche à la tête; de la main droite il tient une patère.

Traces d'engobe blanc et de couleur rouge. Haut. : 0 m 105.

295. Acteur comique drapé dans un manteau court qui laisse les jambes et les bras nus; il a les mains croisées sur la poitrine. — *Voir pl. XVII.*

Terre commune; engobe blanc et traces de couleur rouge. Base carrée à deux degrés. Haut. : 0 m 216.

296. Vieille femme(?) riant aux éclats, les mains sur les hanches, la tête penchée en arrière; elle est étroitement drapée dans un long manteau qui accentue les formes grotesques du corps. — *Voir pl. XVII.*

Terre commune; traces d'engobe blanc. Base plate et ronde. Haut. : 0 m 132.

297. Vénus à la coquille. — La déesse nue est agenouillée sur une haute base ronde, entre les deux valves de la coquille. Son corps se détache en haut relief sur un manteau, dont les extrémités sont tenues par deux Éros ailés et couronnés. Elle a les bras levés; dans la main droite elle tient une pomme. La tête est rapportée.

Terre commune; traces d'engobe blanc, de couleur bleue et de couleur rouge. Nombreux recollages. Haut. : o m 19.

298. Grande applique estampée. — Buste de Dionysos barbu, coiffé d'un diadème à lemnisques. Le dieu est drapé dans un manteau qui laisse à découvert le bras droit et la moitié de la poitrine; de la main gauche il tient un canthare et de la main droite l'amande mystique.

Traces d'engobe blanc. Haut. : o m 39.

299-301. Trois masques de déesses diadémées.

302. Grenade.

Traces d'engobe blanc et de couleur rouge. Haut. : o m 07.

THÈBES

303. Quadrige de style primitif, grossièrement modelé. Il est monté par deux personnages : celui qui tient les rênes porte sur le dos un grand bouclier mycénien qui a pour épisème une croix gammée.

Peinture noire et rouge sur fond de terre rosée. L'un des chevaux manque. Haut. : o m 065 ; long. : o m 11.

304. Idole de style primitif. — Le corps est façonné en galette et s'évase dans le bas pour permettre à la statuette de se tenir debout. Les détails du costume et de la parure étaient indiqués par des traits noirs sur fond d'engobe blanc, qui ont presque entièrement disparu. La tête est coiffée d'un haut *kalathos* et porte des boucles d'oreilles en forme de disques. Des disques plus grands figurent à la naissance des bras les agrafes du chiton. Les bras en pastillage sont repliés sur la poitrine.

Haut. : o m 24.

305. Figurine de style archaïque représentant une femme debout, tenant à la main gauche un coffret dont le couvercle est levé. Elle est vêtue d'un chiton long et d'un manteau qui fait office de voile. Haute chevelure savamment arrangée et couronnée d'un grand *kalathos*. Le bras droit pend le long du corps.

Terre commune; engobe blanc, traces de couleur rouge. Haute base quadrangulaire. Haut. : o m 29.

306. *Dionysos et le mulet.* — Le mulet ithyphallique s'avance vers la droite. Dionysos, barbu, couronné de feuillages et vêtu d'un manteau long, est couché de côté sur le dos de la bête; la tête de face, il s'appuie du coude gauche sur le cou du mulet et tient en main un canthare.

Terre rosée; engobe blanc. Haut. : 0 m 175; long. : 0 m 19.

307. Danseuse voilée. — Elle se présente de face, la jambe gauche portée en avant, le bras droit légèrement avancé, la main gauche sur la hanche. Le manteau, que la danse fait flotter en plis mouvementés, recouvre la figurine presque toute entière, y compris la tête et le bas du visage; il est fait d'une étoffe légère qui laisse transparaître le modelé du corps.

Traces de couleur bleue sur le manteau. Base plate. Haut. : 0 m 143.

TANAGRA

308. Figurine de style primitif représentant une femme tenant un enfant dans ses bras. Profils d'oiseaux; têtes coiffées d'un *kalathos*.

Haut. : 0 m 083.

309. Ane portant deux outres (?) attachées de chaque côté, sur le dos.
Style archaïque. — *Voir pl. XVII.*

Haut. : 0 m 065.

310. Satyre barbu, monté sur un petit âne, le bras droit sur la hanche, le bras gauche tendu en avant.
Même style. — *Voir pl. XVII.*

Haut. : 0 m 10.

311. Vieille femme traitée en caricature. — Elle est debout, de face, portant au bras gauche une sorte de sac et sur la main droite avancée quatre petits poissons (?). La bouche largement ouverte donne à la physionomie une expression très comique. Elle est vêtue d'un chiton long et d'un manteau court; sur sa chevelure bouclée elle portait un diadème (brisé). — *Voir pl. XVII.*

Terre rosée. Haut. : 0 m 15.

312. Vieille femme assise (caricature). — Elle a la poitrine nue et lève le bras droit. Sa chevelure bouclée, qui forme comme une auréole, ajoute encore à l'expression burlesque du visage.

Terre rosée. Haut. : 0 m 135.

313. Cavalier drapé dans son himation, à califourchon sur le cou de sa monture.

Exécution sommaire et naïve; l'objet était probablement un jouet. Haut. : 0 m 12.

314. CAVALIER de même style, coiffé du pétase et drapé dans son manteau.

Haut. : 0 m 10.

315. Plaquette découpée représentant une Gorgone courant, les ailes déployées. Elle est tournée de face, vêtue d'un chiton court sans manches et chaussée de sandales ailées; les mains, posées symétriquement sur la poitrine, tiennent chacune un serpent.

Style archaïque. — *Voir pl. XVII.*

Traces d'engobe blanc. Deux trous de suspension. Haut. : 0 m 10.

316. Buste estampé d'une déesse coiffée d'une large *stéphanè*. La chevelure, séparée au milieu du front en deux bandeaux ondulés et retombant sur les épaules, est striée horizontalement à l'égyptienne. La tunique qui recouvre la poitrine est blanche avec des traces de couleur; collier à plusieurs rangs peint en rouge.

Style sévère. — *Voir pl. XIII.*

Exécution très soignée. Haut. : 0 m 217.

317. *Perséphonè*. — Elle est debout, vêtue d'un chiton long avec *apotygma*, la jambe gauche fléchie en avant; elle porte la main droite à la poitrine, de la main gauche elle relève les plis de son chiton. Cheveux bouclés et séparés en deux bandeaux sur le haut du front; un voile couvre le reste de la chevelure.

Style archaïque du commencement du ve siècle.

Terre rosée couverte d'un engobe blanc. Base à tranche haute à un degré. Haut. : 0 m 235.

318. Hydrophore. — Jeune fille portant sur la tête une hydrie que sa main droite levée tient en équilibre; le bras gauche pend le long du corps. Elle est vêtue d'un long chiton blanc avec *apotygma* et bordures bleues. Longue chevelure bouclée.

Style sévère.

Base adhérente à tranche haute. Haut. : 0 m 205.

319. Groupe estampé représentant un Silène barbu traînant un enfant (Dionysos?) dans un petit chariot. Le Silène, tourné de face, est nu; il tient un thyrse de la main gauche, tandis que de la droite il tire le chariot. L'enfant, vu de profil, est également nu.

Terre rosée; engobe blanc. Base à tranche haute. Haut. : 0 m 145.

320. *Europe et le taureau*. — Le taureau nage vers la droite, le tête légèrement tournée à droite. Europe est assise de côté, la tête de face, le corps incliné à gauche. De la main droite elle s'appuie sur le dos du taureau, de la main gauche elle tient une des cornes de l'animal. Elle est vêtue d'un long chiton sans manches, qui laisse à découvert le côté gauche de la poitrine.

Style sévère. — *Voir pl. XVI.*

Terre rosée ; engobe blanc. Excellent état de conservation. Haut. : 0 m 15 ; largeur : 0 m 15.

321. Danseuse voilée, de face, se dirigeant vers la gauche. Elle a la tête inclinée sur l'épaule gauche, le bras gauche sur la hanche, le bras droit replié vers l'épaule, la jambe gauche croisée devant la jambe droite. Elle est chaussée de souliers et vêtue d'un chiton long et d'un himation fait d'une étoffe légère, qui laisse transparaître le modelé du corps et forme voile autour de la tête en cachant le front et la bouche.

Beau style. — *Voir pl. XIII.*

Terre rosée ; engobe blanc. Base à tranche haute et à moulures, peinte en rouge. Haut. : 0 m 26.

322. Danseuse voilée, dans une attitude et un costume analogues. Le bras gauche est étendu et développe les plis de l'himation, la main tenant un grand tympanon.

Même style. — *Voir pl. XIII.*

Même coloration. Base à tranche haute ornée de moulures et de petites figures en relief (chimères attaquant une antilope) et peinte en rouge. Haut. : 0 m 245.

323. *Némésis* (?). — Elle s'avance rapidement vers la gauche en gravissant un rocher en pente, la jambe droite fléchie en avant. Elle est vêtue d'un chiton fin qui laisse transparaître les formes du corps et découvre l'un des seins, — et d'un himation qui, dans la rapidité de la marche, laisse à découvert tout le haut du corps et la jambe gauche, et dont la jeune femme relève de la main droite l'une des extrémités. Le bras gauche est caché sous la draperie. Chevelure formant un *krobyle* au-dessus du front.

Beau style. — *Voir pl. XIV.*

Terre rougeâtre ; traces d'engobe blanc. Base à tranche haute. Haut. : 0 m 202.

324. Petite fille dansant. Elle est debout, de face, la jambe droite jetée de côté dans le mouvement de la danse. L'himation enveloppe étroitement le haut du corps de même que le cou et la tête. Le bras droit se replie sur la poitrine ; la main gauche levée tient un masque de satyre. — *Voir pl. XV.*

Coloration usuelle. Base adhérente à tranche haute. Haut. : 0 m 12.

325. Jeune femme debout, vêtue d'un long chiton blanc et d'un himation rose qui cache les deux bras. Le bras droit est replié sur la poitrine, l'autre appuyé à la hanche. La tête, légèrement tournée de côté, est modelée avec beaucoup de soin et de la plus grande beauté. Cheveux frisés en bandeaux parallèles et réunis en chignon sur la nuque ; boucles d'oreilles.

Beau style. — *Voir pl. XIV.*

Exécution très soignée. Pas de base. Haut. : 0 m 24. Excellent état de conservation.

326. Jeune fille debout, la jambe droite infléchie en arrière, vêtue d'un chiton long et d'un himation qui cache les bras. Le bras droit s'appuie à la hanche, l'autre pend le long du corps. La tête, légèrement penchée en avant, est modelée avec beaucoup de soin. Cheveux frisés en bandeaux parallèles, chignon sur la nuque; boucles d'oreilles.

Beau style. — *Voir pl. XIV.*

Exécution très soignée. Engobe blanc; traces de couleur rose sur le chiton et de bleu pâle sur le manteau. Cheveux peints en rouge brun. Base plate. Haut. : 0 m 205.

327. Jeune femme debout, vêtue d'un chiton long et drapée dans un himation qui cache les bras. Le bras droit se replie sur la poitrine; la main gauche abaissée tient un éventail en forme de feuille. La tête, légèrement inclinée, se tourne à gauche; couronne en bourrelet; boucles d'oreilles.

Beau style.

Coloration usuelle; les cheveux en brun rouge, la couronne en bleu. Base plate. Haut. : 0 m 24.

328. Femme diadémée, le bras droit pendant sous la draperie, l'autre replié et relevant le manteau; la main gauche tient un éventail en forme de feuille décoré d'une palmette rouge. Chiton rose, manteau bleu et blanc.

Le visage, finement modelé, est peint en blanc; les cheveux en brun rouge. Base plate. Haut. : 0 m 28.

329. Jeune fille debout, arrêtée dans sa marche. Elle est vêtue d'un chiton long et d'un himation croisé sur la poitrine et couvrant les bras et les mains. Le bras droit se replie sur la poitrine, l'autre pend le long du corps, la main tenant un éventail en forme de feuille (brisé). La tête est très finement modelée; les cheveux, réunis en chignon sur le haut de la tête, sont entourés d'une *sphendonè* dont on voit l'agrafe sur le devant; boucles d'oreilles. — *Voir pl. XIV.*

Coloration usuelle. Base plate. Haut. : 0 m 212.

330. Jeune fille debout, la jambe gauche infléchie en arrière. Elle est vêtue d'un chiton long et drapée étroitement dans un himation qui forme voile autour de la tête et cache les bras. Le bras droit s'appuie sur la hanche, l'autre se replie sur la poitrine où la main retient les plis du manteau.

Beau style. — *Voir pl. XV.*

Coloration usuelle; base plate. Haut. : 0 m 16.

331. Jeune femme debout, vêtue d'un chiton long et d'un himation qui forme voile autour de la tête. Les deux bras sont cachés : le bras droit replié sur la poitrine, l'autre pendant le long du corps; la main gauche abaissée tient une boîte de miroir double.

Beau style.

Coloration usuelle; base plate. Haut. : 0 m 21.

332. Jeune fille marchant, la jambe gauche avancée. Elle est étroitement drapée dans son himation, le bras droit replié sur la poitrine, l'autre pendant le long du corps. La tête, finement modelée, est légèrement penchée de côté. Chevelure ondulée réunie en chignon sur la nuque.

Beau style. — *Voir pl. XV.*

Coloration usuelle; pas de base. Haut.: 0 m 132.

333. Jeune fille debout, nu-tête, le bras gauche sur la hanche, le bras droit replié sur la poitrine, sous les plis très étroits de l'himation; chiton long tombant jusque sur les pieds. Cheveux frisés en bandeaux parallèles et réunis en chignon sur la nuque; boucles d'oreilles.

Beau style. — *Voir pl. XV.*

Exécution soignée. Coloration usuelle; base plate. Haut. : 0 m 165.

334. Jeune fille debout, tenant de la main droite abaissée un tympanon et une ténie. Son costume se compose d'un chiton échancré sur la poitrine (ceinture nouée sous les seins) et d'un himation qui a glissé sur les hanches et dont le bras gauche, plié au coude, retient les plis. Cheveux frisés en bandeaux parallèles et réunis en chignon sur la nuque.

Beau style. — *Voir pl. XIV.*

Traces de bleu sur le manteau et de rose sur le chiton. Base plate. Haut. : 0 m 18.

335. Jeune fille debout, la jambe droite infléchie en arrière. Chiton long, himation cachant les bras. Le bras droit pend le long du corps, l'autre est replié et relève les plis du manteau, la main tenant un éventail en forme de feuille décoré d'une palmette rouge. Chevelure frisée en bandeaux parallèles et réunie en chignon sur la nuque. Boucles d'oreilles.

Traces de bleu pâle sur le manteau; cheveux en rouge brun. Base plate. Haut. : 0 m 185.

336. Jeune fille debout, vêtue d'un chiton blanc et d'un himation rose. De la main gauche, repliée sur la poitrine, elle tient un éventail en forme de feuille; le bras droit pend le long du corps. La tête, finement modelée, est penchée de côté. Les cheveux d'un rouge brun sont frisés en bandeaux parallèles et réunis en chignon sur la nuque.

Base plate. Haut. : 0 m 155.

337. Jeune fille debout dans une attitude analogue. Même costume. La tête est modelée avec beaucoup de finesse.

Coloration usuelle. Base plate. Haut. : 0 m 14.

338. Jeune fille debout, coiffée du pétase. Chiton long; himation drapé sur l'épaule gauche. Les deux bras, cachés sous la draperie, se replient sur la poitrine, la main gauche tenant un éventail en forme de feuille. — *Voir pl. XV.*

Exécution très soignée. Coloration usuelle. Base plate. Haut. : 0 m 135.

339. Jeune fille debout, drapée (chiton long, himation couvrant le bras gauche et le bas du corps), le bras droit replié sur la poitrine, le bras gauche appuyé sur la hanche et retenant les plis du manteau. Expression de physionomie souriante. Sur le haut de la tête, une couronne en bourrelet; boucles d'oreilles.

Terre rosée; engobe blanc. Base plate. Haut. : o m 152.

340. Jeune fille vêtue d'un chiton long et drapée étroitement dans un himation qui cache les deux bras. Elle est debout, la tête tournée de côté, le bras droit appuyé sur la hanche, l'autre pendant le long du corps. Elle tenait à la main gauche abaissée un éventail (brisé).

Coloration usuelle; base plate. Haut. : o m 182.

341. Jeune fille marchant vers la gauche, la jambe droite portée en avant. Elle est vêtue d'un chiton long échancré sur la poitrine et noué par une ceinture, et d'un himation qui a glissé sur les hanches et découvre les deux bras et le haut du corps. Le bras droit, qui pend le long du corps, et le bras gauche appuyé sur la hanche, retiennent les plis du manteau.

Traces de bleu pâle sur l'himation; les cheveux, parés d'une couronne de feuillages, sont peints en rouge brun. Base plate. Haut. : o m 125.

342. Jeune femme debout, la jambe gauche infléchie en arrière. Elle est vêtue d'un long chiton et d'un himation qui forme voile autour de la tête. Le bras droit est relevé vers le cou, l'autre pend le long du corps sous les plis de la draperie.

Engobe blanc. Base à tranche haute. Haut. : o m 205.

343. Jeune fille debout, tenant à la main droite un éventail en forme de feuille. Par-dessus son long chiton (ceinture nouée sous les seins), elle porte l'himation drapé sur l'épaule gauche, mais laissant à découvert la poitrine et le bras droit.

Traces d'engobe blanc. Base ronde à tranche haute. Haut. : o m 174.

344. Femme diadémée, debout, tenant une fleur dans chaque main. Elle est vêtue d'un chiton long, échancré sur la poitrine et d'un himation rose; elle a les bras nus et tendus en avant. Ses cheveux forment deux tresses qui tombent de chaque côté, sur les épaules; boucles d'oreilles.

Traces d'engobe blanc et de couleur rose. Base plate. Haut. : o m 195.

345. Jeune fille debout, étroitement drapée dans un chiton long et dans un himation dont elle relève les plis de la main gauche (brisée), qui tenait sans doute un éventail. Le bras droit, caché par la draperie, est replié sur la poitrine. La tête est rapportée.

Coloration usuelle; base plate. Haut. : o m 15.

346. Petite fille debout, tenant à la main droite une boîte de miroir. Elle porte un chiton long, noué sous les seins par une ceinture, et un himation qui a glissé derrière le dos et dont elle retient les plis sur les avant-bras. Sa chevelure bouclée retombe de chaque côté sur les joues.

Traces d'engobe blanc. Base ronde à tranche haute. Haut. : 0 m 135.

347. Petite fille assise, vêtue d'un chiton long, échancré sur la poitrine; son himation, qui a glissé derrière elle, lui couvre le bras gauche; elle tient une bourse à la main. Le bras droit est replié sur la poitrine. Les cheveux tombent en boucles de chaque côté du visage.

Coloration usuelle. Base plate. Haut. : 0 m 10.

348. Petite fille diadémée, debout. Elle porte un chiton long sans manches, noué sous les seins par une ceinture; des deux mains abaissées elle en relève les plis pour marcher avec plus de facilité. Sa chevelure bouclée tombe de chaque côté du visage.

Coloration usuelle. Base plate. Haut. : 0 m 115.

349. Petite fille assise sur un siège bas sans dossier. Elle porte un chiton long et un himation qui découvre le côté gauche de la poitrine et le bras. Le bras droit est replié sur la poitrine. — *Voir pl. XVI.*

Coloration usuelle. L'avant-bras gauche est brisé. Haut. : 0 m 09.

350. Éphèbe drapé, assis sur un coffre, sur lequel il pose la main gauche. Sa chlamyde, agrafée sur l'épaule droite, laisse à découvert le bras droit. Il porte une couronne en bourrelet et des souliers.

Coloration usuelle. Base plate. Haut. : 0 m 138.

351. Éphèbe debout, la main gauche appuyée sur un cippe. Sa chlamyde, drapée sur l'épaule gauche, laisse à découvert le bras droit et tout le haut du corps. Il porte une couronne en bourrelet; de la main droite abaissée il tient une bourse.

Coloration usuelle. Base plate. Haut. : 0 m 17.

352. *Éros et Psyché.* — Ce sont deux enfants qui marchent l'un à côté de l'autre, étroitement enlacés : Éros a passé le bras gauche (invisible) derrière le dos de sa compagne, de la main droite il lui touche la poitrine; il porte la chlamyde drapée sur l'épaule gauche et laissant à découvert tout le haut du corps. Psyché est vêtue d'un chiton long dont elle relève les plis à gauche. L'un et l'autre ont les cheveux parés d'une couronne en bourrelet. Les têtes sont modelées avec beaucoup de soin. — *Voir pl. XV.*

Beau style. Excellent état de conservation. Coloration usuelle. Haut. : 0 m 105.

353. Éros enfant planant dans l'air, le bras droit levé, l'autre pendant le long du corps, la jambe droite portée en avant. Il est vêtu d'un chiton court; sa chevelure bouclée est coiffée d'une sorte de bonnet phrygien. — *Voir pl. XVI.*

Traces de couleur rouge sur le chiton. Haut. : o m 10.

354. Éros enfant. Il est entièrement nu, la jambe droite portée en avant, les mains jointes au-dessus de la tête. — *Voir pl. XVI.*

Haut. : o m 085.

355. Même type que le numéro 353. — Le geste des bras, tendus en avant, fait supposer qu'il tenait une guirlande.

Traces de couleur rose et de couleur bleue. Haut. : o m 95.

356. Éros enfant sur une oie. Il est nu, assis à califourchon sur le dos de l'oie, la chlamyde jetée sur l'épaule gauche et flottant derrière lui. Il tourne la tête à droite; sa main droite s'appuie sur le cou de l'oiseau.

Traces de couleur rouge sur la chlamyde et sur les cheveux. Base ronde. Haut. : o m 112.

357. Petite fille assise, tenant à la main droite un masque comique, sous le bras gauche un petit chien blanc. Elle porte un chiton rose qui laisse les jambes à découvert. Chevelure bouclée.

Traces de couleur rose et de couleur bleue. Haut. : o m 07.

358. Petit personnage grotesque (Silène?). Il est nu, tourné vers la droite, le pied gauche posé sur un rocher. Il tend les bras en avant et tient dans chaque main une grappe de raisin. — *Voir pl. XVII.*

Haut. : o m 075.

ANTHÉDON

359. Femme debout, la main gauche sur la hanche, la jambe droite portée en avant. Elle est vêtue d'un chiton long et d'un himation savamment drapé, qui laisse à découvert les avant-bras et le côté droit de la poitrine. Le bras droit, replié sur la poitrine, saisit les plis de la draperie. Les cheveux sont réunis en touffe et noués sur le sommet de la tête. — *Voir pl. XIII.*

Engobe blanc; rouge sur les cheveux. Base haute à deux degrés. Haut. : o m 275.

360. Femme debout, la jambe droite infléchie en arrière, étroitement drapée dans un chiton long et dans un himation qui cache les deux bras; la main gauche abaissée tient une petite corbeille pleine de fruits, le bras droit est replié sur la poitrine. Cheveux ondulés réunis en chignon sur la nuque.

Coloration usuelle; base ronde. Haut. : 0 m 19.

361. Femme debout. Son costume se compose d'un chiton long, noué sous les seins par une ceinture, et d'un himation qui a glissé de l'épaule droite et dont la jeune femme retient les plis de la main gauche. La main droite est appuyée sur la hanche; les cheveux ondulés sont parés d'une couronne de fleurs et de feuillages.

Coloration usuelle; base plate. Haut. : 0 m 278.

362. *Éros et Psyché.* — Éros adolescent est debout, la chlamyde en écharpe sur l'épaule gauche, le corps presque entièrement nu; de la main droite il touche la poitrine de sa compagne; son bras gauche est invisible, de même que le bras droit de Psyché, qui se tient debout à côté de lui. Elle est vêtue d'une longue tunique nouée sous les seins par une ceinture. Les boucles de sa chevelure tombent de chaque côté sur les épaules; elle porte un diadème peint en bleu. Éros est coiffé d'une couronne en bourrelet.

Traces d'engobe blanc, de couleur rouge et de couleur bleue. Socle rectangulaire. Haut. : 0 m 22.

363. Éros drapé au vol. Il est vêtu d'une chlamyde qui descend jusqu'aux genoux et forme voile autour de la tête, cachant le haut et le bas du visage. Il a la jambe gauche portée en avant, le bras droit appuyé sur la hanche, l'autre relevé; la main gauche tient une boîte de miroir ouverte. Les ailes se terminent en volutes.

Traces de couleur rose sur la chlamyde et de couleur rouge sur le miroir. Haut. : 0 m 24.

CORINTHE

364. Sirène représentée comme un oiseau à tête et à buste de femme. Elle est tournée de face, les ailes éployées; de la main droite, repliée sur la poitrine, elle touche son sein gauche, tandis que de la main gauche (le bras et la main sont invisibles) elle tient une lyre qui se détache en relief sur l'aile gauche. Sa longue chevelure bouclée est coiffée d'un haut *kalathos.* La figurine a pour points d'appui les pattes et la queue de l'oiseau, qui seules sont représentées de profil.

Style archaïque. Le visage est peint en blanc; sur le reste de la figurine, traces d'engobe blanc, de couleur bleue et de couleur rouge. Excellent état de conservation. Haut. : 0 m 23; long. : 0 m 21.

365. Vase en forme de Sirène. — L'embouchure du vase est placée sur le sommet de la tête; sur le dos se trouve un tenon de suspension. La tête se tourne de côté, les cheveux

tombant en tresses sur les épaules et sur le dos. Les ailes sont fermées, la queue élargie en triangle, les pattes repliées sous le ventre. — *Voir pl. XVI.*

Style archaïque de très grande beauté. Exécution très soignée. Le plumage est décoré de lignes rouges et bleues; les yeux et les sourcils sont peints en noir, l'orifice du vase en rouge. Haut. : 0 m 13; long. : 0 m 21.

366. Figure féminine drapée (prêtresse?) se dirigeant vers la gauche d'une allure précipitée; elle pose le pied droit sur une sorte de tabouret. Elle est vêtue d'un chiton long et d'un himation, et porte une haute coiffure triangulaire terminée aux angles par des ornements en forme de palmettes. Les deux avant-bras, que la draperie laissait à découvert, sont brisés. — *Voir pl. XIII.*

Style archaïque de la première moitié du ve siècle. La statuette a conservé son engobe blanc dans toute sa fraîcheur ainsi que de nombreuses traces de couleur : l'himation était bordé de bleu, les lèvres peintes en carmin vif de même que le collier du cou, les cheveux en brun rouge. Haut. : 0 m 23.

367. Danseuse représentée de face, la jambe droite avancée, la main gauche abaissée tenant un tympanon peint en rouge. Elle est vêtue d'un chiton long et d'un himation qui découvre l'épaule droite et le côté droit de la poitrine. La chevelure, qui tombe en boucles sur les épaules, est coiffée d'un bonnet et d'une couronne en bourrelet.

Engobe blanc; traces de couleur rose sur l'himation, rouge sur les cheveux. Base ronde. Haut. : 0 m 218.

368. Grande figurine de femme debout, tenant à la main droite levée une pomme. Elle est vêtue d'un chiton long et d'un himation drapé sur l'épaule gauche et dégageant l'épaule et le bras droits; la main gauche est appuyée sur la hanche. Sur les cheveux, couronne de fleurs et de fruits et bandelette retombant sur les épaules. — *Voir pl. XIII.*

Beau style. Coloration usuelle. Haut socle rond. Haut. : 0 m 33.

369. Jeune femme debout, drapée dans un chiton long et un himation qui laisse à découvert le haut de la poitrine. Le bras droit pend le long du corps sous la draperie; le bras gauche relève celle-ci (la main brisée tenait sans doute un éventail). Cheveux frisés, réunis en chignon sur la nuque; couronne en bourrelet.

Coloration usuelle. Socle quadrangulaire. Haut. : 0 m 246.

370. Grande figurine de femme drapée. Chiton long, himation cachant les bras : le bras droit est replié sur la poitrine, le bras gauche pend le long du corps. La chevelure, relevée en hautes boucles au-dessus du front, est maintenue par une large bandelette dorée.

La figure est peinte en blanc; traces de bleu sur l'himation et de rouge sur les cheveux. Base plate. Haut. : 0 m 305.

371. Femme debout, tenant une pomme à la main gauche. Elle porte un chiton long et un himation étroitement drapé. Le bras droit, caché par la draperie, s'appuie sur la hanche; l'autre est plié au coude et serré contre la poitrine, la main seule étant découverte. La tête, inclinée légèrement de côté, porte une couronne en bourrelet. — *Voir pl. XIII.*

Coloration usuelle. Base adhérente à tranche haute. Haut. : 0 m 25.

372. Grande figurine de femme drapée. Elle est vêtue d'un long chiton échancré sur la poitrine et noué sous les seins par une ceinture, et d'un himation drapé sur l'épaule gauche qui laisse à découvert la poitrine, l'épaule et le bras droits; la main droite en retient les plis à la hauteur des hanches, la main gauche s'appuie sur la hanche. Couronne dans les cheveux.

Engobe blanc. Le chiton était rose avec des bordures noires. Haute base quadrangulaire rayée de lignes horizontales noires. Haut. : 0 m 32.

373. Jeune fille debout, drapée (chiton long et himation cachant les bras), le bras droit pendant le long du corps, l'autre appuyé sur la hanche.

Traces de rose sur l'himation. Haut. : 0 m 175.

374. Petite fille debout, tenant de la main gauche un canard auquel elle donne à manger. Chiton long; longue chevelure bouclée encadrant les joues.

Coloration usuelle; base plate. Haut. : 0 m 134.

375. Jeune fille debout, vêtue d'un long chiton sans manches, noué sous les seins par une ceinture, et d'un himation qu'elle porte en écharpe sur l'avant-bras gauche, et dont elle retient les plis de la main droite abaissée; la main gauche tient un éventail. Couronne en bourrelet.

Coloration usuelle; base ronde. Haut. : 0 m 175.

376. Jeune fille debout, drapée dans un chiton long et un himation. Le bras droit est appuyé sur la hanche, le bras gauche pend le long du corps; l'un et l'autre sont cachés par la draperie.

Base plate. Haut. : 0 m 18.

377. Danseuse drapée étroitement dans un himation de tissu fin qui flotte, à droite et à gauche, en plis pittoresques, et laisse transparaître le modelé du corps. Elle se présente de face, la jambe gauche avancée, la main gauche sur la hanche, la main droite abaissée retenant les plis de la draperie. La chevelure forme « auréole » autour du visage.

Coloration usuelle. Base hémisphérique. Haut. : 0 m 16.

ATHÈNES

378. Masque archaïque d'Athèna. Chevelure bouclée coiffée d'un haut *kalathos*; boucles d'oreilles en forme de disques.

Engobe blanc. Deux trous de suspension. Haut. : 0 m 137.

379. Figurine de déesse (Aphrodite?) à moitié couchée sur une *kliné*. Elle est étendue à droite, appuyée sur le coude gauche, le haut du corps nu, les jambes et l'avant-bras gauche couverts par une draperie. De la main gauche elle tient une coupe; le bras droit repose sur la jambe. Chevelure bouclée coiffée d'un haut *kalathos*.

Style archaïque. Terre rosée; traces d'engobe blanc sur toute la figurine, de couleur rose sur le visage et de couleur rouge sur le *kalathos*. Nombreux recollages. Haut. : 0 m 145; long. : 0 m 14.

380 Joueuse de lyre. — Elle est assise de face, vêtue d'un chiton de tissu fin, échancré sur la poitrine et d'un himation qui lui couvre les jambes. Elle a les bras nus; la main gauche tient la lyre, la main droite le *plektron*. Chevelure bouclée relevée derrière la tête en chignon pointu. Collier rouge.

Style archaïque. Traces d'engobe blanc sur toute la figurine; bordures rouges sur le chiton; les yeux sont peints en noir, les cordes de la lyre indiquées en rouge. Haut. : 0 m 11.

381. Petite figurine de femme assise sur un rocher, à côté d'un arbre. Elle est représentée de face, vêtue d'un chiton long noué sous les seins par une ceinture et d'un himation couvrant les jambes. Les mains, tendues en avant, tenaient des objets qui ont disparu.

Terre rosée; traces d'engobe blanc. Haut. : 0 m 082.

382. Jeune femme assise sur un rocher. Elle se présente de face, la tête tournée vers la droite. Elle est chaussée de souliers et vêtue d'un chiton long sans manches, échancré sur la poitrine et noué par une ceinture sous les seins. Le bras droit pend le long du corps; le bras gauche est caché par les plis de l'himation sur lequel la jeune femme est assise. Cheveux frisés en bandeaux et réunis en chignon; boucles d'oreilles.

Beau style. Le visage est peint en blanc, les lèvres en rose. Engobe blanc sur le chiton; traces de couleur bleue sur l'himation et de rouge sur les souliers. Base plate. Haut. : 0 m 152.

383. Fragment d'un vase à décor plastique. — Sur un fond de draperie, qui était peint en bleu, se détache une figure de jeune garçon nu, à demi-couché à gauche sur le côté droit, la tête relevée et de face. De la main gauche il s'appuie sur le sol où sont étendus ses vêtements; le bras droit manque. Longue chevelure tombant sur les épaules et coiffée d'une sorte de diadème peint en bleu.

Engobe blanc. Traces de couleur bleue; rouge sur les cheveux. Le revers est peint au vernis noir; le goulot du vase est placé derrière la tête du personnage. Haut. : 0 m 11.

384. Plaquette rectangulaire estampée, décorée d'un cavalier. — Le cheval cabré s'avance vers la droite; le cavalier, coiffé du pétase et vêtu d'une tunique courte, tient les rênes de la main gauche et lève la main droite derrière lui pour frapper sa monture.

Beau style. Haut. : 0m 10; long. : 0m 115.

ASIE MINEURE

385. Déesse assise de face, les deux mains sur les genoux, la tête couverte d'un voile qui lui tombe sur les épaules. Chiton long et souliers.

Style archaïque. Traces d'engobe blanc. Haut. : 0m 125.

386. Sphinx femelle assis de profil à droite, la tête tournée de côté, les ailes relevées.

Haut. : 0m 13.

387. Tête de dieu barbu. Les yeux sont d'un ovale allongé, les lèvres fortement accentuées. Les cheveux forment sur le front trois rangs de boucles surmontés d'une couronne en bourrelet (en partie brisée). Le nez et une partie de la barbe sont brisés.

Style archaïque. Terre rougeâtre pailletée d'or. Haut. : 0m 09.

388. Jeune femme (Terpsichore?) debout près d'un cippe, le pied gauche posé sur la base du cippe et la jambe fléchie. Elle est couronnée de feuilles et de fleurs, et vêtue d'un chiton sans manches qui ne couvre pas entièrement la poitrine et d'un himation noué autour des hanches. Elle tourne la tête à gauche, tandis qu'elle porte à droite les deux mains qui tenaient sans doute la lyre et le *plektron*. — *Voir pl. XIII.*

Coloration usuelle; base plate. Haut. : 0m 282.

389. Vénus nue déliant sa sandale. La déesse est debout, le bras gauche appuyé sur un tronc d'arbre, sur lequel elle a déposé son manteau. Sa jambe droite se replie et se lève, tandis que sa main droite s'abaisse pour délier les lacets de sa chaussure. Sa tête s'incline légèrement à droite dans un mouvement plein de grâce. — *Voir pl. XVI.*

Style très fin. Terre rosée pailletée d'or. Petit socle rectangulaire. Haut. : 0m 123.

390. Tête d'Héraklès barbu. La barbe et les cheveux crépus sont traités avec beaucoup de réalisme; l'œil est profondément enfoncé sous l'arcade sourcilière, le cou très fort. L'ensemble des traits est plein de grandeur et de puissance. — *Voir pl. XVI.*

Terre rosée. Traces de couleur rouge sur la barbe et sur les cheveux. Haut. : 0m 13.

391. Petite figurine de Tyché (Fortune). — Elle est debout, tenant de la main droite abaissée un gouvernail, et de la main gauche, contre le corps, une corne d'abondance qui contient des raisins et d'autres fruits. Longue tunique serrée à la ceinture; himation rejeté en arrière et retombant jusqu'aux pieds. Coiffure en bandeaux avec diadème.

Traces d'engobe blanc. Socle rectangulaire. Haut. : o m 12.

392. Tyché (Fortune) portant une corne d'abondance. — Elle est debout, vêtue d'une tunique sans manches, serrée à la ceinture, et d'un himation rejeté en arrière et couvrant le bas du corps à partir des hânches. De la main droite abaissée elle tient un gouvernail, de la main gauche une corne d'abondance qui contient des raisins et d'autres fruits. Coiffure en bandeaux surmontée d'un petit boisseau.

Traces d'engobe blanc. Socle rectangulaire portant au revers une marque d'atelier gravée en creux. Haut. : o m 175.

393. Torse de jeune satyre couronné de fleurs et de feuilles de lierre; il portait une nébride attachée sur les épaules.

Haut. : o m o8.

394. Fragment de figurine représentant une bacchante à moitié couchée sur le côté gauche, le haut du corps nu, le bas couvert par les plis de l'himation. La tête, tournée de côté et penchée légèrement sur l'épaule droite, était couronnée de feuilles de lierre; elle porte des boucles d'oreilles. Les bras sont brisés. Cette pièce faisait sans doute partie d'un groupe. — *Voir pl. XV.*

Terre rosée pailletée d'or. Long. : o m 15.

395. Éros enfant planant dans l'air. Il est étroitement enveloppé dans sa chlamyde, qui lui couvre en partie la tête, et dont il saisit les plis des deux mains. La tête modelée, avec beaucoup de soin, est penchée en avant; les ailes et les pieds sont brisés.

Traces d'engobe blanc. Haut. : o m o8.

396. Enfant debout, vêtu d'une chlamyde et coiffé d'un pétase. Les deux bras sont couverts par la draperie : le bras gauche est replié sur la poitrine, l'autre pend le long du corps.

Base ronde à moulures. Haut. : o m 15.

397. Tête grotesque d'homme. Elle est complètement chauve, sauf une touffe de cheveux au-dessus du front et une au-dessus de chaque oreille. Le visage a une expression douloureuse. Avec la tête s'est conservée une partie du dos qui montre l'épine dorsale fortement accentuée — *Voir pl. XVII.*

Haut. : o m 10.

398. Disque de terre cuite décoré de deux personnages en relief : un jeune Satyre et une Ménade.

Diam. : 0 m 12.

ITALIE

399. Déesse de style archaïque (Aphrodite). Elle est debout, vêtue d'un chiton long à *pteruges* qui laisse à découvert le sein gauche. De la main droite elle tient une colombe qu'elle presse contre sa poitrine; la main gauche abaissée relève les plis du chiton. Sa chevelure se répand en tresses sur les épaules; elle est coiffée d'un *kalathos* bas et d'un voile qui descend jusqu'au milieu du dos.

Base plate. Haut. : 0 m 32.

400. Nikè tenant une patère à la main droite avancée. Elle est debout, la jambe gauche infléchie en arrière, drapée dans un himation qui dégage le bras droit; le bras gauche pend le long du corps sous la draperie. Elle a la tête légèrement tournée à droite, les ailes relevées.

Traces d'engobe blanc. Haut : 0 m 24.

*
* *

401. Un bras et une jambe, fragments de grandes statuettes.

402. Douze têtes de provenances et de styles divers.

VERRERIE

403. Alabastre en pâtes multicolores (panse cylindrique, goulot muni d'un large rebord plat, deux petites anses en haut de la panse). — Fond bleu foncé incrusté de denticules et de cercles jaunes et blancs. Autour du rebord de l'orifice, un filet jaune. Surface en partie irisée.

Haut. : 0^{m} 115.

404. *Idem.* — Fond bleu foncé incrusté de denticules et de cercles en jaune et bleu clair. Autour du rebord, filet jaune.

Haut. : 0^{m} 104.

405. *Idem.* — Fond noir incrusté de cercles et de denticules jaunes. Autour du rebord, filet jaune.

Haut. : 0^{m} 122.

406. *Idem.* — Fond noir incrusté de cercles et de denticules en jaune et bleu clair. Autour du rebord, filet bleu clair.

Haut. : 0^{m} 142.

407. *Idem.* — Fond noirâtre incrusté de denticules et de cercles en jaune et bleu clair. Autour du rebord, filet jaune.

Haut. : 0^{m} 146.

408. *Idem.* — Fond noirâtre incrusté de denticules et de cercles en jaune et bleu clair. Autour du rebord, filet jaune.

Haut. : 0^{m} 141.

409. *Idem.* — Fond bleu foncé incrusté de cercles et de denticules en jaune et bleu clair. Autour du rebord, filet jaune.

Haut. : 0^{m} 13.

410. *Idem* (panse effilée vers le bas, deux petites saillies d'attache en haut de la panse). — Fond bleu foncé incrusté de cercles et de plumes en jaune et blanc. — *Voir pl. XVIII.*

Haut. : 0 m 123.

411. *Idem* (panse cylindrique; deux petites anses en haut de la panse). — Fond bleu foncé incrusté de plumes blanches et jaunes. Autour du rebord, filet jaune. — *Voir pl. XVIII.*

Haut. : 0 m 12.

412. *Idem*. — Pâte d'un blanc laiteux incrustée de denticules et de cercles violets. Autour du rebord, filet violet. — *Voir pl. XVIII.*

Haut. : 0 m 12.

413. *Idem*. — Fond rouge corail incrusté de zigzags jaunes et blancs. Autour du rebord, filet jaune. — *Voir pl. XIX.*

Haut. : 0 m 095.

414. *Idem*. — Fond vert incrusté de cercles et de denticules en jaune et bleu pâle. Autour du rebord, filet jaune. — *Voir pl. XIX.*

Haut. : 0 m 97.

415. *Idem*. — Pâte d'un blanc laiteux incrustée de denticules et de cercles violets. Autour du rebord, un filet violet. — *Voir pl. XVIII.*

Haut. : 0 m 077.

416. Amphorisque à panse côtelée (base pointue amortie par un bouton). — Fond bleu kobalt; la panse est ornée de cercles et denticules en jaune et bleu pâle. Autour du rebord de l'orifice, un liseré jaune. — *Voir pl. XIX.*

Haut. : 0 m 085.

417. *Idem*. — Fond bleu kobalt incrusté de cercles et de denticules en jaune et bleu pâle. Autour du rebord, un filet jaune. — *Voir pl. XIX.*

Haut. : 0 m 13.

418. *Idem*. — Fond bleu foncé incrusté de cercles et de zigzags d'un blanc laiteux. Autour du rebord, filet blanc. — *Voir pl. XIX.*

Haut. : 0 m 104.

419. Petit vase pomiforme à deux anses. — Fond bleu foncé; la panse côtelée est décorée de cercles et de zigzags en jaune et bleu pâle. Filet jaune autour du rebord de l'orifice; les anses en pâte jaune. — *Voir pl. XVIII.*

Haut. : 0 m 065.

420. Petit flacon en pâte vert de mer transparente. — Autour de la panse, et en relief, un large zigzag en pâte rouge corail; autour du goulot, deux filets de même nature. — *Voir pl. XVIII.*

Haut. : 0m 055.

421. Fiole sans anses. — Le fond est bleu; la panse est ornée de veines en bleu pâle, en rose et en blanc. Surface irisée en partie. — *Voir pl. XIX.*

Haut. : 0m 095.

422. Petit flacon en forme de datte sèche. Verre jaune. — *Voir pl. XIX.*

Haut. : 0m 07.

423. *Idem.*

Haut. : 0m 07.

424. Alabastre à panse cylindrique; deux petites saillies d'attache en haut de la panse. — Fond noirâtre incrusté de plumes jaunes et blanches. Surface irisée.

Haut. : 0m 125.

425. *Idem;* deux petites anses. — Fond bleu foncé incrusté de plumes blanches. Un filet jaune autour du rebord.

Haut. : 0m 085.

426. *Idem.* — Fond bleu foncé; la panse est ornée d'un zigzag blanc. Deux petites anses en pâte blanche. Un filet jaune autour du rebord.

Haut. : 0m 089.

427. *Idem.* — Fond bleu décoré de zigzags blancs. Un filet blanc autour du rebord.

Haut. : 0m 105.

428. *Idem.* — Fond rouge (?) incrusté de denticules blancs. Irisations.

Haut. : 0m 10.

429. Alabastre à long col et à panse allongée. — Fond bleu incrusté de plumes et de cercles blancs. Surface irisée.

Haut. : 0m 135.

430. Petit masque en pâtes jaune et bleue. — Les yeux sont en pâte bleue, de même que le haut de la tête et la saillie d'attache dont elle est surmontée; le reste en jaune. — *Voir pl. XVIII.*

Haut. : 0m 022

431. Alabastre à panse cylindrique; deux petites anses en haut de la panse. — Fond bleu kobalt incrusté de zigzags et de cercles en jaune et bleu pâle. Autour du rebord, un filet jaune.

Haut. : 0 m 096.

432. *Idem.* — Fond noirâtre incrusté de cercles et de denticules jaunes et bleus. Filet jaune autour du rebord.

Haut. : 0 m 095.

433. *Idem* (panse allongée, deux petites saillies d'attache en haut de la panse). — Fond bleu foncé incrusté de cercles et de plumes en bleu pâle. La moitié du flacon est couvert d'irisations.

Haut. : 0 m 12.

434. *Idem.* — Fond bleu foncé incrusté de cercles et de plumes en bleu pâle. Surface irisée.

Haut. : 0 m 125.

435. *Idem.* — Fond bleu foncé incrusté de cercles et de plumes d'un bleu laiteux. Surface irisée en partie.

Haut. : 0 m 117.

436. Petite amphorisque à long col et sans anses. — Fond bleu foncé incrusté de cercles et de zigzags jaunes et blancs. Surface complètement irisée.

Haut. : 0 m 113.

437-438. Deux petits vases pomiformes à deux anses. — Pâte bleue foncée; la panse est décorée de cercles et de zigzags jaunes. Filet jaune autour du rebord de l'embouchure. Surface irisée.

Haut. : 0 m 055.

439-440. Vases pomiformes à deux anses; panse côtelée. — Fond bleu foncé; la panse est ornée de cercles et de zigzags en jaune et bleu pâle. Filet bleu pâle autour du rebord de l'embouchure.

Haut. : 0 m 07.

441-442. *Idem.* — Fond bleu kobalt; la panse est ornée de cercles et de zigzags en jaune et bleu pâle. Autour du rebord de l'embouchure, un filet jaune.

Haut. : 0 m 07.

443-445. Trois amphorisques (base pointue amortie par un bouton). — Fond bleu foncé; la panse est ornée de cercles et de denticules en jaune et bleu pâle. Autour du rebord de l'embouchure, un liseré bleu pâle.

Haut. : 0 m 08.

446. *Idem* (panse côtelée). — Fond bleu foncé; la panse est ornée de cercles et de denticules en jaune et bleu pâle. Autour du rebord de l'orifice, un liseré jaune.

Haut. : 0 m 08.

447. *Idem* (panse côtelée). — Les filets jaunes qui décorent le haut de la panse sont en relief. Autour du rebord de l'orifice, un filet bleu pâle.

Haut. : 0 m 08.

448. *Idem*. — Fond bleu foncé; cercles et denticules en jaune et bleu pâle. Autour du rebord de l'orifice, un filet jaune.

Haut. : 0 m 08.

449. *Idem* (panse côtelée). — Le rebord de l'orifice est brisé.

Haut. : 0 m 078.

450. *Idem* (panse côtelée).

Haut. : 0 m 09.

451. *Idem* (panse côtelée). Surface irisée.

Haut. : 0 m 098.

452. Amphorisque à long col; deux petites saillies d'attache sur les flancs de la panse. — Fond bleu foncé, cercles et zigzags jaunes.

Haut. : 0 m 088.

453-454. Deux œnochoé à embouchure trilobée. — Pâte bleu kobalt. La panse est ornée de cercles et de denticules en jaune et bleu pâle. Liseré bleu sur le bord de l'orifice.

Haut. : 0 m 115.

455. Deux petites œnochoé à embouchure trilobée. — Pâte bleue.

Haut. : 0 m 06.

456. Œnochoé à long col et à embouchure ronde. — Fond bleu kobalt incrusté de filets jaunes.

Haut. : 0 m 13.

457. BAGUETTE mince terminée à une extrémité par un bouton plat, à l'autre par un anneau. — Verre bleu orné de filets blancs en spirale.

Haut : 0 m 19.

458. ALABASTRE à panse cylindrique côtelée; goulot muni d'un large rebord plat. — La pâte de couleur crème est décorée de filets noirs. Deux petites anses dans le haut de la panse.

Restauré. Haut. : 0 m 155.

459. CANTHARE monté sur trois pieds bas et muni d'une anse à poucier. — Pâte blanche transparente; ornements imprimés en creux.

Haut. : 0 m 087; diam. : 0 m 12.

460. FLACON sans anse. — La panse est formée de deux têtes en relief, encadrées de longs cheveux bouclés.

Pâte blanche opaque. Haut. : 0 m 078.

461. BIBERON à panse sphérique et long col cylindrique très évasé à l'embouchure. — Verre jaune couvert d'une patine nacrée.

Haut. : 0 m 106.

462. PETITE AIGUIÈRE en verre couleur lie de vin. — Irisations nacrées.

Haut. : 0 m 11.

463. PETIT FLACON à deux anses et à large embouchure. — La panse est côtelée au moyen de dépressions; l'ouverture est ornée d'une moulure. Verre blanc; surface irisée.

Haut. : 0 m 068.

464. PETIT VASE à long col et goulot en entonnoir. — Verre blanc; irisations nacrées.

Haut. : 0 m 085.

465. PETIT FLACON en verre blanc et améthyste. — La panse, qui a la forme d'un œuf allongé, est ornée de cannelures horizontales; deux petites anses relient la panse au col dont la partie supérieure est brisée.

Haut. : 0 m 07.

466. FLACON MINUSCULE à panse sphérique et long col. — Verre jaune irisé.

Haut. : 0 m 055.

467. FLACON à long col élargi à l'embouchure. — Surface irisée.

Haut. : 0 m 155.

468. Bouteille à long col élargi en forme d'entonnoir. — Verre blanc couvert d'une belle irisation.

Haut. : 0 m 21.

469. Coupe à bords droits et à pied bas. — Verre blanc translucide couvert d'une belle irisation nacrée.

Haut. : 0 m 58; diam. : 0 m 155.

470. Coupe de forme hémisphérique en verre blanc translucide. — Irisations nacrées.

Haut. : 0 m 075; diam. : 0 m 14.

471. Coupe à rebord plat, en verre verdâtre épais et translucide. — Irisations nacrées.

Haut. : 0 m 06; diam. : 0 m 155.

472. Grande patère en verre blanc translucide d'une extrême légèreté. — Au centre un ombilic. Belle irisation nacrée.

Haut. : 0 m 05; diam. : 0 m 29.

MARBRES GRECS ET ROMAINS

473. TÊTE imberbe de style archaïque. — La face est mutilée, le nez manque. La chevelure est entourée d'un bandeau; à partir du sommet de la tête, elle est ramenée en avant pour former au-dessus du front trois rangs de boucles. Elle retombe sur les côtés en longues mèches ondulées.

Trouvée à Chypre.

Haut. : 0 m 265.

474. TÊTE barbue de style archaïque. — Le visage est fort endommagé. La chevelure, entourée d'un bandeau, forme au-dessus du front trois rangs de boucles. Les longs cheveux de derrière sont retenus en masse sur la nuque et retombent en boucles. Les mèches de chaque côté de la tête sont brisées.

Même provenance.

Haut. : 0 m 42.

475. TORSE de jeune garçon. — Le bras droit était levé, le bras gauche abaissé; le haut du corps légèrement penché à droite.

Tenon en marbre au bas du dos. Haut. : 0 m 36.

476. TORSE d'enfant. — Le corps, penché à droite, s'appuyait sur la jambe gauche; les deux bras étaient abaissés.

Tenon en marbre à la hauteur de la hanche gauche. Haut. : 0 m 35.

477. TORSE d'Aphrodite. — La déesse nue se tenait debout, appuyée sur le pied gauche, le haut du corps penché en avant et à droite, le bras droit levé, le bras gauche abaissé.

Bonne copie antique d'un original de l'école de Praxitèle. — Trouvé en Italie.

Un tenon en marbre derrière la cuisse droite. Haut. : 0 m 79.

478. Statue d'Aphrodite. — La déesse nue se tenait debout, appuyée sur le pied gauche, le bras droit levé, le bras gauche abaissé. La tête est penchée à droite de même que le haut du corps. La chevelure, entourée d'une ténie, forme deux bandeaux sur les tempes et un chignon sur la nuque. Les bras manquent. Les jambes sont brisées à la hauteur des genoux; derrière la cuisse droite, traces d'un tenon en marbre.

Réduction d'après un original de l'école de Praxitèle. Trouvée à Camiros. — *Voir pl. XX.*

Haut. : 0 m 55.

479. Torse d'Aphrodite demi-nue. — La déesse se tenait debout, appuyée sur le pied droit, la jambe gauche portée en avant, le haut du corps penché à droite. Le bras droit était levé; le bras gauche abaissé s'appuyait sur une stèle qui était rattachée à la statue par des tenons encore visibles. Le dos et le bas du corps sont couverts par une draperie. Des tenons en fer sont fixés au milieu des cassures du cou et des bras.

Haut. : 1 mètre.

480. Fragment de bas-relief : Hèraklès et la biche. — La biche court vers la droite; sur son dos pèse de tout son poids le genou du héros.

Très beau style.

Haut. : 0 m 31 ; long. : 0 m 40.

481. Lécythe funéraire. — La panse est ornée de quatre personnages en bas-relief : Un homme assis, de profil à gauche, et donnant la main à une femme qui se tient debout devant lui, drapée dans un chiton long et un himation. Devant et derrière la femme on voit un petit enfant : le premier debout, près des genoux de son père, le second à moitié couché par terre.

Beau style. Trouvé en Attique. — *Voir pl. XX.*

Le pied et le col sont refaits en plâtre. Haut. : 1 mètre.

482. *Idem* sans aucun décor.

Même provenance.

Haut. : 0 m 82.

483. Tête d'enfant penchée en arrière et à gauche. Abondante chevelure bouclée. Le nez est brisé.

Haut. : 0 m 24.

484. Fragment de stèle funéraire orné de deux figures en bas-relief : deux hommes debout, drapés, se faisant face et se donnant la main.

Le marbre a été couvert d'un enduit blanc qui empâte les lignes. Haut. : 0 m 45.

485. Stèle funéraire décorée d'une figure en relief dans un cartel réservé en creux : une femme drapée s'avançant vers la gauche; elle est vêtue d'un long chiton et d'un

himation dont elle écarte les plis de la main droite levée. La main gauche pend le long du corps. Au-dessus du cartel, l'inscription : ΗΡΑΙΣ.

Haut. : 0 m 94.

486. STÈLE funéraire. — Dans un cartel réservé en creux, deux personnages en bas-relief : une femme drapée et voilée, assise de profil à gauche, donnant la main à un homme drapé qui se tient debout devant elle. Sous le cartel, l'inscription : ΚΛΕΩ ΧΑΙΡΕ ΧΡΗΣΤΑ.

Trouvée à Camiros.

La partie supérieure de la stèle est brisée. Haut. : 0 m 74.

487. PARTIE supérieure d'une stèle. — Personnage (le haut du corps manque) vêtu d'un chiton long et d'un himation, et chaussé de souliers.

Haut. : 0 m 32.

488. FRAGMENT de bas-relief funéraire représentant une femme vue de face, étroitement drapée dans un himation, les bras croisés sur la poitrine.

Haut. : 0 m 40.

489. TÊTE barbue, probablement Dionysos.

Haut relief de style archaïstique. Asie-Mineure.

Haut. : 0 m 222.

490. PETITE TÊTE barbue d'Héraklès.

Trouvée en Grèce.

Haut. : 0 m 12.

491. STATUETTE de Cybèle assise, tenant d'une main un tympanon, de l'autre une patère. Elle est coiffée d'un *kalathos* et porte un long voile.

Attique.

Haut. : 0 m 125.

492. TÊTE de Romain. — Cheveux plats et ondulés; courte barbe frisée sur les joues et sous le menton. Le nez est brisé.

Haut. : 0 m 33.

493. TÊTE de Marc-Aurèle jeune.

Beau travail.

Socle rond en marbre blanc. Haut. : 0 m 58.

494. BUSTE de l'empereur Hadrien. — Tête antique montée sur un buste moderne (cuirasse décorée d'une tête de Gorgone, draperie sur l'épaule gauche). Le nez, le menton et l'oreille droite sont restaurés. La tête est légèrement tournée vers la droite.

Socle rond en marbre noir veiné de blanc, posé sur une haute colonne faite de rondelles de marbres de couleurs différentes. Haut. du buste : 0 m 75.

OBJETS EN BRONZE

495. Petite statuette d'Asklépios.

Haut. : 0 m 102.

496. Petite statuette d'Éros coiffé du bonnet phrygien.

Haut. : 0 m 115.

497. Quatre petits bronzes.

498. Œnochoé à embouchure trilobée. Anse surélevée terminée à son extrémité supérieure par une tête, à son extrémité inférieure par une patte de lion.

Haut. avec l'anse : 0 m 195.

499. Œnochoé à embouchure trilobée; la plaque d'attache de l'anse est façonnée en forme de palmette.

Haut. : 0 m 255.

500. Anse de vase. — La plaque d'attache est décorée d'une belle figure de Sirène vue de face, les ailes déployées.

501. Trois anses de vases.

502. Deux pelles étrusques pour les cendres.

503. Trois lampes.

504. Deux fers de lances à nervure médiane.

505. Un lot d'objets et d'instruments divers.

506. Deux urnes cinéraires.

507. DÉESSE PHÉNICIENNE, tenant dans sa main gauche un petit vase. Elle n'est vêtue que d'une tunique; ses cheveux descendent en boucles sur les épaules et sur le dos. Les yeux étaient incrustés de pierres de couleur.

Statuette très intéressante, en granit noir.

Trouvée à Jaffa.

Haut. : 0m 55.

508. BAS-RELIEF votif représentant deux jeunes Athéniennes debout et près d'elles un enfant (marbre).

Sur l'architrave une inscription grecque. — *Voir pl. XX.*

Haut. : 0m 53; larg. : 0m 40.

MACON, PROTAT FRÈRES, IMPRIMEURS.

212
210
7
75
213
71

61

30

28

Ateliers D. A. Longuet
imp. phot

107

110

23

106

105

Ateliers D.R. LONGUET Imp. phot.

35

116

222

72

113

Ateliers D.A. Longuet
Imp. phot.

Pl. V

116

204

Ateliers D.A. Longuet imp. phot.

Pl. VI

149

104

150

118

243

153

125

129

246

251

245

Pl. IX

227

224

223

226

250

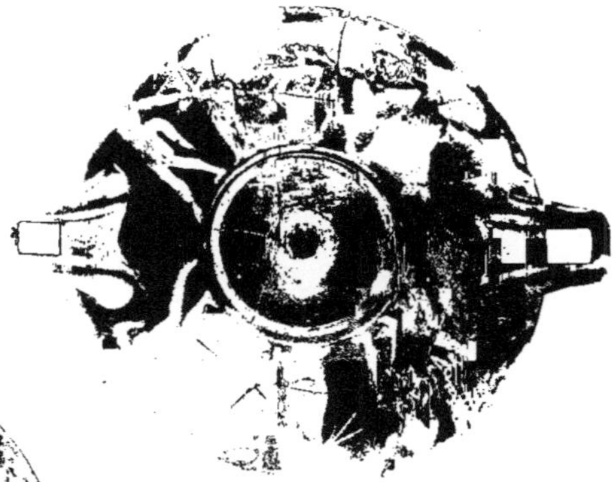

249

242

247

248

185

189

PL. XIII

Pl. XIV

329

334

325

323

326

PL. XV

324 352 338 394 333 332 330

Pl. XVI

310
315
309
358
397
311
295
296

Ateliers D.A. LONGUET imp. phot.

430

420 415 419

410 411 412

Ateliers D.A. LONGUET
Imp. phot.

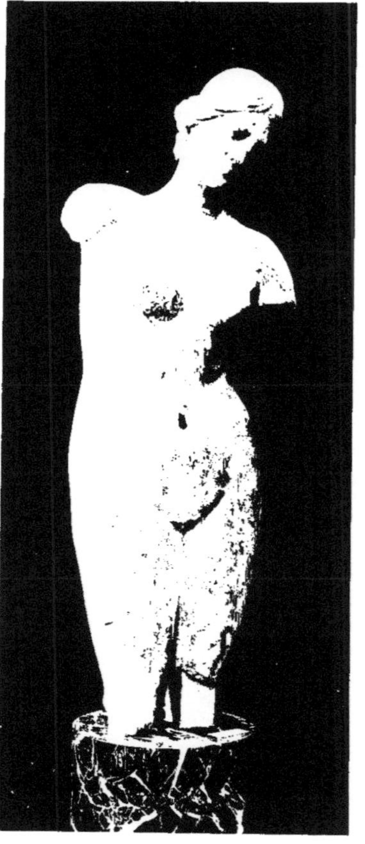

478

481

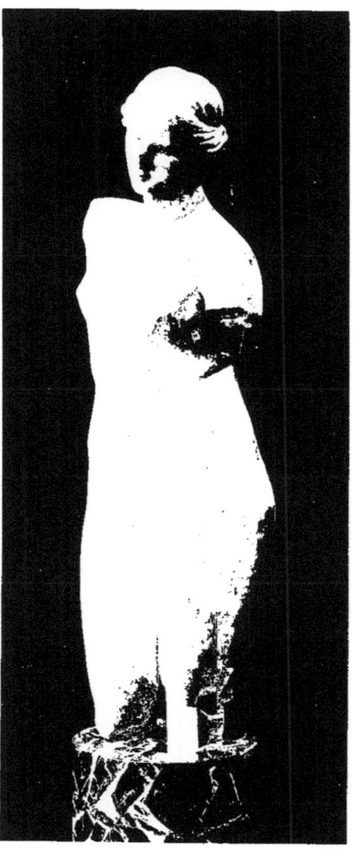

478

507

508

507

www.ingramcontent.com/pod-product-compliance
Ingram Content Group UK Ltd.
Pitfield, Milton Keynes, MK11 3LW, UK
UKHW020920180726
13838UKWH00002B/653